藍綬褒章受章祝賀記念パーティー（昭和35年12月 東京会館）

長男尚文、弟、姪たちと（昭和10年ごろ）

神奈川師範学校時代（写真・右）

第3次ガソリン争議（昭和7年）

第3次ガソリン争議（昭和7年 内務省）
柳田諒三氏と握手を交わす。中央は山田清氏

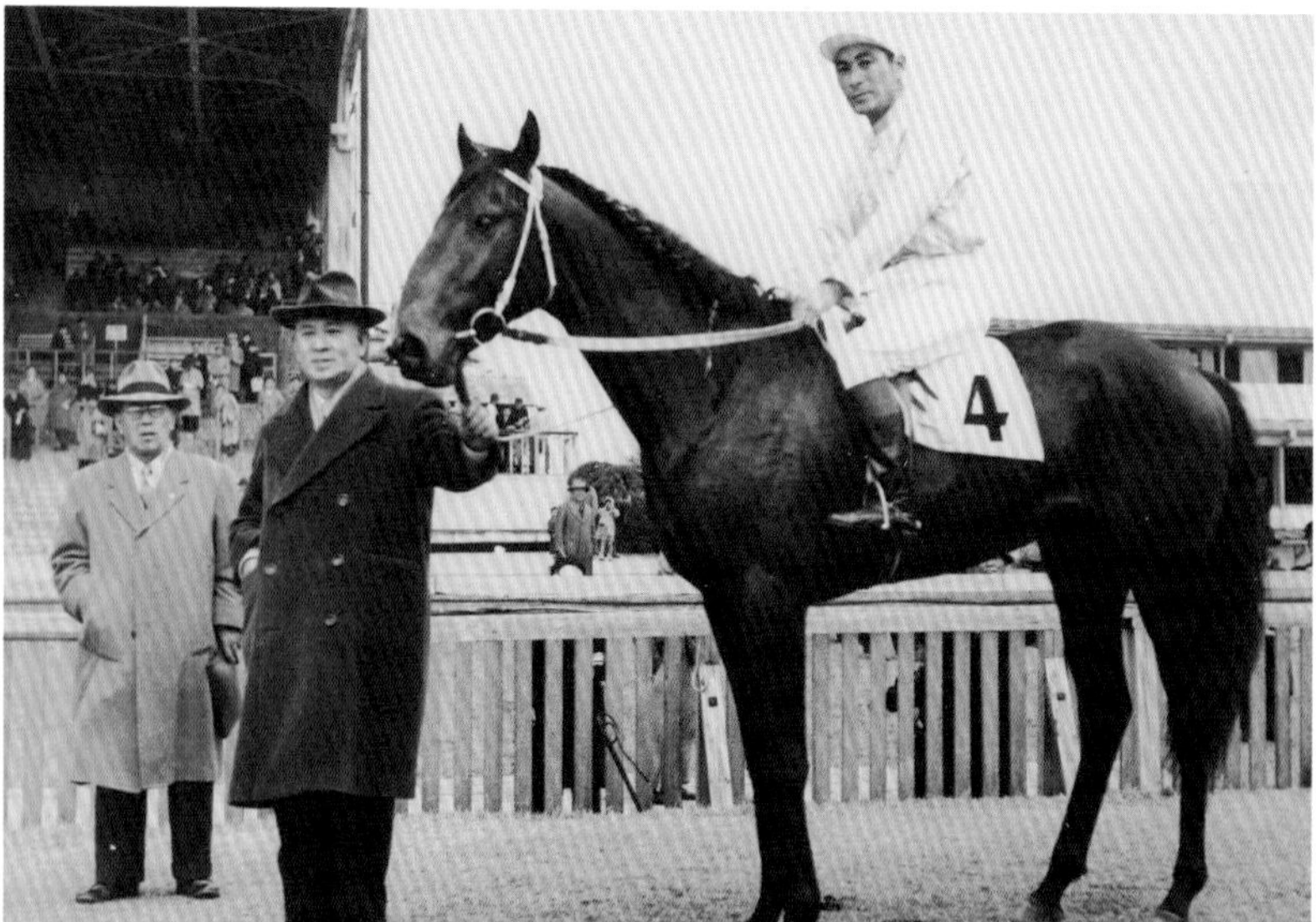
ダイワ号と（昭和28年3月 東京競馬場）

ロスチャイルド夫妻と（昭和31年 東京会館）

川鍋秋蔵東旅協会長と握手を交わす。（昭和35年 椿山荘）

藍綬褒章受章祝賀パーティーで長男尚文と（昭和35年12月 東京会館）

葬儀（昭和36年6月5日 青山斎場）

タクシーの父 新倉文郎物語

新倉真由美 著

主婦の友インフォス

タクシーの父　新倉文郎物語　-目次-

ハイヤータクシー業界と新倉文郎　前島忻治 —— 7

春（明治26年〜大正10年）—— 11

1. 腕白《わんぱく》 —— 12
2. 覚醒 —— 16
3. 挑戦 —— 19
4. 友情 —— 21
5. 惜別 —— 23
6. 金言 —— 25
7. 淡雪 —— 29
8. 珍客 —— 35

夏

（大正12年〜昭和11年）——39

1. 決意——40
2. 初陣——45
3. 和解——47
4. 辣腕——51
5. 啖《たん》呵《か》——59
6. 応援——62
7. 解決——66
8. 家庭——72
9. 激闘——77
10. 奇襲——83
11. 希望——86
12. 収束——93
13. 混沌——101

秋（昭和12年〜昭和30年） 111
1. 復帰 112
2. 統制 116
3. 追放 123
4. 誕生 126
5. 終戦 135
6. 上場 146
7. 脅迫 150
8. 芝居 156

冬（昭和32年〜昭和36年） 165
1. 捨石 166
2. 決別 169
3. 受賞 176

4. 昇天 ―― 181
5. 永眠 ―― 183

我が父・故新倉文郎を語る　新倉尚文 ―― 189

故新倉社長に仕えて　山下錦子 ―― 202

慕われた業界の父　二村博三 ―― 207

新倉文郎年譜 ―― 210

参考文献 ―― 217

感謝　新倉真由美 ―― 219

ハイヤータクシー業界と新倉文郎

新倉真由美氏が「タクシーの父　新倉文郎物語」を出版された。新倉文郎はハイヤータクシー業界の父といわれた大和自動車交通の創業者である。創業は１９３９年であり、２０１９年で80周年を迎えることができた。真由美氏は３代目社長の新倉能文氏の奥さまであるが、惜しくも能文氏は２０１５年９月に61歳でご逝去された。

以来真由美氏は、弊社の取締役に就任され、また、日本ペンクラブの会員として著作、翻訳をされている。その文才を生かして池田作之助著「新倉文郎風雲録」を基に本書を編さんした。

新倉文郎の幼少時代はわんぱくで機知に富み、情に厚く、正義感が強い、権威あるものに厳しく弱者に優しい。本文前半のエピソードはドラマのようで面白い。長じては、業界の父と慕われた力量が既にこの頃から発揮されていることがわかる。本文の後半では持って生まれた資質、それに努力と経験の積み重ねによる広い視野に基づき、素早い決断と実行。正義感と利他の精神を業界のために強く発揮したことが戦中、戦後の混乱期の中でリアルに語られていて興味深い。

文郎のリーダーシップは度胸と人情、知恵と雄弁による。特に、聴衆を魅了する雄弁は熱意と迫力のあることはもちろん、勉強による博識に裏打ちされている。俳句などの文芸を嗜む趣味人であり、人間としての奥行きと幅があった。

ハイヤータクシー業界を愛し、その仕事に生涯をささげるという、多忙な毎日であったが、家庭でのひと時は、子や孫に慈悲深い愛情を注いだ。妻キヌの死にあたっては、日頃の内助の功に感謝し、通夜では一晩添い寝している。

ハイヤータクシー業界には、100年に一度といわれる革新の荒波が押し寄せている。アメリカ、中国などの巨大資本のプラットフォーマーが新しい仕組みとサービスを提供し、われわれの業界を席巻しようとしている。海外との業務提携。そしてIT、人工知能の活用、自動運転。空飛ぶタクシー、キャッシュレス、デジタル通貨などの諸技術の発展、MaaS《マース》（Mobility as a Service）といわれる、あらゆる交通手段がニーズに合わせてパッケージ化され、定額で提供されるサービスが検討されている。

どんな産業にも盛衰がある。タクシー業界もしかり、個々が利己的になり分散すれば衰亡する。視野を広く持ち、力を合わせて時代の変化に順応しなければならない。ただし、簡単に曲げてはならぬ精神や理念がある。日本のタクシー、ハイヤーが利用者に愛され、参入事業者を凌駕《りょうが》するさらに便利なサービスを提供し、発展するためには、新倉文郎の利他の精神、互助の行動でまとまり、業界の力を最大に発揮することが必要だ。

内容の一部や表現に不適切と思われる個所があろうかと思いますが、寛恕のほど、よろしくお願い申し上げます。

本書が、読者諸賢にとって温故知新となり、お役に立てればと願っております。

２０１９年12月

大和自動車交通株式会社　代表取締役社長　前島忻治

春

（明治26年～大正10年）

1. 腕《わん》白《ぱく》

1961（昭和36）年6月1日の夕方、銀座の空が一天にわかにかき曇り、大粒のひょうがバラバラと音を立てて降ってきました。行き交う人々はわれ先に軒下へと急ぎ、不安げに空を仰ぎ見ています。

時同じくして大和自動車交通の社長室で、タクシーの父と呼ばれていた男が静かに息を引き取りました。新倉文郎、享年66歳。

1894（明治26）年8月14日、新倉文郎は神奈川県綾瀬村（現在の綾瀬市）の豪農の家に長男として生まれました。日清戦争も勝利を収め、日本が日に日に勢いを増していた頃のことです。後に弟4人妹2人が生まれましたが、それまでは両親の愛情を独占し、伸び伸びと野生児のように育っていきました。幼少期の楽しみは魚捕り。暇さえあれば近所の川に繰り出し、時を忘れて魚と戯れます。大きなコイを素手で捕まえた時は、天下を取ったように高揚し、征服感が心に沸き上がってくるのでした。

父親の与三郎は、若い頃は軍艦に乗って世界各地を巡っていましたが、当時は村役場の助役を務めていました。村一番のインテリといわれ、習字の達人としても知られ、子どもたちには厳しく時に手を上げることもありましたが、それも深い愛情がなせる業でした。

文郎は母親の母乳不足のため牛乳で育てられていましたが、ある晩大雪のため、その牛乳が届かなくなってしまいました。困り果てた様子を見た与三郎は、一も二もなくちょうちんを片手に家を飛び出し、わずかな明かりを頼りにまっしぐらに厚木へと向かったのです。けれど急ぐ気持ちとは裏腹に吹雪の中を歩くのは容易ではなく、ようやく牛乳を買って帰宅した頃には白々と夜が明けようとしていました。与三郎は長時間の歩行で疲労困憊《こんぱい》していましたが、早速温めた牛乳をごくりごくりと飲む文郎の笑顔に、冷えも疲れも吹き飛び父親としての幸福感で満たされたのでした。後年文郎はこの時の出来事をつづった日記を偶然読み、無論記憶にはありませんでしたが、どちらかといえば寡黙だった父親の愛情を感じて涙しました。

一方母親のヨネは典型的な良妻賢母で、とりわけ教育には熱心で気丈な女性でした。文郎が7歳になって綾瀬小学校に入学すると、登校前の日課として、毎日国語と算数を教え込んだのです。遊びに夢中で学校も休みがちだったにもかかわらず、文郎の成績が落ちなかったのはこの母に負うところが大きいといえるかもしれません。三つ子の魂百までといいますが、文郎は幼い頃から人に指図されたり監督されたりするのが大嫌いでした。せっかく入学した小学校も虫が好かず、お世辞にも真面目な生徒とはいえませんでした。しょっちゅう学校を抜け出しては寺の境内でこま回しをしたり、綾瀬川の水車小屋のほとりで魚釣りをしたり、はたまた友達を誘い出して日当たりのよい丘で昼ご飯を食べたり……。しかし母親のたゆみない尽力の成果と達筆だった父親の血を引いたおかげで、算数と習字の成績は群を抜き、度々表彰されることもあったほどです。

母親には頭が上がらない文郎でしたが、ある時きょうだいげんかの腹いせに復讐を試みたことがありました。文郎にはマサという妹がいましたが、これがこましゃくれた小利口な娘で、文郎は母が殊の外マサをかわいがっていたように感じていました。この妹のためにひどい目に遭ったこと数知れず、その日も庭の柿の木につるしたぶらんこで遊んでいると、マサがまりを突きながら近づいてきました。

「危ないぞ！　あっちへ行け！」

その言葉に耳を貸さないどころか、わざとどんどん近づいてくるのに腹を立て、文郎はマサのまりを目がけ、えいっとばかりにぶらんこを命中させたのです。屋根の上まで飛んでいったまりを見て、マサは庭に大の字に寝転んで手足をばたつかせて泣き始め、泣き声を聞いて家から飛び出してきたヨネの気配を感じると、

「兄ちゃんが、兄ちゃんが……」

と言ってますます大げさに騒ぎたてました。その場面を一瞥するや、ヨネはそばにあった棒を振り上げ、いやというほど文郎を殴りました。ぶらんこから転げ落ち、痛さのあまり動けずにいる文郎を見て、今泣いたからすがゲラゲラ笑っています。文郎にしたらたまりません。けんか両成敗ではないか。大体言うことを聞かなかったのはマサの方だ。文郎は顔を真っ赤にして悔しがりました。

ようやく少し動けるようになって見てみると、足が青く腫れあがっていました。今頃マサはこの時とばかり母親に甘えているに違いありません。怒りの持っていき場もないまま山中をさまよっていた文郎は、一匹の青大将を見つけました。よし、これであだを討ってやろう！　彼は蛇の首をつかむとくるくる巻いて懐に入れ、痛む足を引きずりながら帰路に就きました。

裏のくぐり戸を開けてそっと家の中をうかがうと、母は夕食の支度をしているらしく、父はまだ帰っていないようでした。妹や弟たちはいろりを囲んでにぎやかに話し合っています。彼

は忍び足で庭先に回り、廊下の戸をこじ開けて座敷の中に入りました。そして懐から青大将を引きずり出し、そこにあった茶筒の中に入れたのです。準備完了。文郎はほくそ笑み、抜き足差し足で自分の部屋に入ると布団をかぶり、息を殺して様子をうかがっていました。どのくらい時間がたったでしょう。うつらうつらしていた彼は、ギャッという叫び声で目を覚ましました。茶筒を開けた母が真っ青になり、髪振り乱し泡を吹いて倒れたのです。してやったり！昼からむしゃくしゃしていた腹の虫も収まり、文郎はひそかに勝利の快感に浸ったのでした。

2. 覚醒

綾瀬小学校になじめなかったためか、文郎は途中から父親が発起人になって設立した盈進中学校に転校しました。中学校とはいったもののの実態は塾のようで、教師はわずか3名の住職が務めていました。その中に漢学に明るい松石寺の永井住職がいました。人生に起こることはすべて必然であるとするなら、この住職も間違いなく出会うべくして出会い、文郎に大きな影響を与えたひとりでしょう。登校初日、彼は永井住職にいきなり日本外史を読むように言われて面食らいましたが、その後1年半にわたりみっちり受けた漢学の教育からは、多くの貴重なことを学びました。

時は流れ、次第に進学のことが話題に上るようになってきました。当時鎌倉にあった神奈川師範学校（現在の横浜国立大学教育学部）は県下の学生の憧れの的であり、文郎も勧められるままに入学を目指すことにしました。15歳の春に入学を許されるのはわずか45名、その狭き門を目指して、えりすぐりの秀才が試験に挑むのです。文郎は鎌倉の耕余義塾に通い、四書五経の素読を習いました。この塾は吉田茂元首相も通ったことがあるという有名な塾です。

試験をまじかに控えたある日、文郎はふと思い立って松石寺に永井住職を訪ねました。住職は盆栽いじりの手を休め、文郎に作文を書いてみるように言い、2つの課題を与えました。

「時金也」と「残月一声杜鵑」。

文郎はまたしても住職の唐突な提案に戸惑いながらも、懸命に取り組み筆を走らせました。初めは「時は金のように尊い」と月並みな作文でしたが、あれこれ知恵を巡らせ「時は金以上に尊い」というふうに変化していきました。書いては突き返され、また書き直し……夕闇迫る頃、ようやく住職の顔に笑みが浮かびました。

そして迎えた入学試験当日、県下の精鋭たちが一堂に会する藤沢市役所の講堂は、息詰まるような緊張感に満ちていました。が驚くまいことか作文の題は「時は金なり」だったのです。

これが偶然か否かは神のみぞ知る。文郎はあぜんとしましたが、喜んだのは言うまでもありません。早速記憶を呼び覚ましてさらさらと書き上げ、与えられた時間を大幅に残してさっさと退室しました。他の試験もさして難しいとは思えませんでした。

いよいよ合格発表の日、文郎は父親とともに神奈川師範学校に赴きます。

「新倉文郎君！」

彼の名は一番初めに呼ばれ、その声は広い講堂に響き渡り、その瞬間文郎の体を歓喜が突き抜けました。見事目的を達し、勝利を手にした喜びです。試験官が彼を呼び寄せて言いました。

「君は本校始まって以来の優秀な成績で合格しました。『時は金なり』は天下の名文だと思います」

文郎はそれまで何不自由なく、これといった野心も持たないまま、どちらかといえばおっとりと育ってきました。しかしこの勝利が眠れる獅子を覚醒させたのです。羊に育てられたライオンの子どもは自分も羊だと思って成長しますが、ある時山のかなたで同族の鳴き声を聞きつけるや、自己の本領を悟り雄々しく駆け出していくといいます。この合格によって潜在していた自らの力に気づき、心の中からふつふつと闘争心が湧いてくるのを感じました。何かはわからない。けれど自分は強く大きなものと闘っていくのかもしれない。そんな予感が頭をよぎり、文郎はたてがみを逆立て、雄々しく人生の闘いの場へと向かっていくのでした。

3. 挑戦

文郎は対照的な性質を併せ持っていました。一方は勇猛果敢、もう一方は他人をおもんぱかるガラス細工のように繊細で優しい気質。聡明な文郎は鋭敏で神経質ともいえる一面は、自分の弱点でもあり、度を超すと身を滅ぼす危険性もあると感じていました。他人に勝つには、まず自分の弱さを克服しなければ。そう考えた文郎は性格改造を試み、試行錯誤を繰り返しました。その結果見つけた方法、それは思い切り笑うことでした。あらゆる不安を笑いで吹き飛ばそう。笑いは自分を解放し力を与えてくれるに違いない。そう確信した文郎は、よく笑うようになりました。学校では寮生活を送っていましたが、自室から聞こえてくる笑い声に、何事かと舎監がのぞくと、寝床にあぐらをかき天井を眺めながらげらげら笑っていたということもありました。楽しくなくても笑ってみる。笑うことで楽しくなる。笑いの効用は現在では医学的にも認められ、不安を払拭し幸福感を高めるとして、さまざまな治療にも応用されています。

学校ではいろいろな行事があり、入学後まもなく修学旅行で日光に行きました。この報告講演会に文郎も選ばれ、旅先で印象的だった色彩を「赤と白と青と黄」という作文にまとめ、全校生徒の前で発表した時のこと、これが美文と絶賛され、彼の名は雄弁家として一気に学校中に知れ渡ったのです。

こうなると人は走りだすのでしょうか。名声を維持しようとする思いが文郎を突き動かし、独学で演説を学ぼうと思い立ちます。ある晩いても立ってもいられなくなった文郎は寮を抜け出し、稲村ケ崎に向かって由比ケ浜の海岸をひたすら走り続けました。そこにはその昔新田義貞が北条氏を倒すため、刀剣を海に沈めて波の怒りを和らげたという伝説の岩があり、その岩に登って文郎は声を張り上げました。

「諸君、この演台に立つにあたり……」

声は逆巻く波にのまれ、はかなく消えていきます。しかし文郎は決して諦めず演説を続けました。聴衆の姿はなく、波と風への挑戦です。月光に照らされ由緒ある岩に立ち、手を振り叫ぶ姿は雄々しく彫像のように厳粛でした。

「太平洋の水は静かなれど、日輪は赤く燃ゆれど……」

やがて白々と夜が明け、文郎は朝日を浴びてさんぜんと輝き始めました。大いなる自然の中で、朗々とした声が響き渡っていきます。それはこまやかな神経と、豪放磊落《らいらく》な後天的性格が見事に融合した堂々たる演説でした。

文郎は数あるクラブの中で講和部、いわゆる弁論部に所属していました。ある時部長から講師を探すよう一任され、評判を聞いて早稲田大学の河岡潮風や東京大学の菅原教一、吉植庄亮を迎えて指導を仰ぎ、ますます語りに磨きをかけていきました。後年文郎は数々の場で弁舌を振るいましたが、それはこうした人知れぬ努力の成果だったのです。文郎の人格はあざなえる縄のように2つの異なる性質で形成され、多くの人々を魅了してやみませんでした。

4. 友情

学生時代の武勇伝。文郎は真夏の暑さに疲労が重なり、腸チフスと診断されしばらく病院で療養し、秋になって復学しました。

その頃学校は、鎌倉、三浦半島を巡り金沢八景を往復する、マラソン大会の準備に追われていました。文郎は元来体操は苦手でしたが、競技と聞くと闘争心が頭をもたげてうずうずし、教師の反対を押し切って参加を申し出ました。

ですが病み上がりの体に、マラソンは想像以上にきつくこたえます。走り始めて間もなく早くも息が上がり、心臓もバクバクしてきました。なんとか中盤を走り続けていると、肩を並べて同じように苦しげに走っていた級友の福田正夫が、突然泡を噴いてばったりと道端に倒れ込んでしまったのです。文郎は驚きましたが友人の窮地を見捨ててはおけず、われを忘れて福田の腕をつかんで引き起こし、えいっと背負って再び走りだしました。しかしだらりと力なく覆いかぶさった福田の体はずっしりと体重以上に重たく感じ、足元がふらつき始めました。とうに肉体の限界は超えています。文郎の様子に気づいた福田は、このままでいくと共倒れになってしまうと案じ、自分をおいて一人で行ってくれと懇願しました。逡巡していると、同級生のひとりが彼の脇を嘲笑しながら追い抜いていきました。なんてやつだ！　その不遜な態度を目にした途端に、怒り心頭に達した文郎は

「福田、ここで待っていてくれ。後で必ず迎えに来るからな」

そう言って福田を下ろすと、脱兎のごとく走り始めました。体はまるで羽が生えたように軽く感じ、無我夢中でゴールに向かって1人抜き2人抜き……そして万雷の拍手に迎えられ、見事1着で校門をくぐったのです。

福田正夫は後に詩人になりましたが、この時の熱き友情を生涯忘れることはありませんでした。彼の「愛国の花」は1937（昭和12）年にラジオの国民歌謡として作られ、1942

（昭和17）年に松竹製作の映画「愛国の花」の主題歌に採用されました。インドネシアの故スカルノ大統領の愛唱歌としても知られています。また同級生には哲学者の柳田謙十郎、文理大学教授で物理学者の内藤卯三郎、旧制浦和高校教授の遠藤佐一郎などがいます。

5. 惜別

1909（明治41）年1月13日【文郎・14歳】、鎌倉は珍しく大雪に見舞われ、寮の庭一面が瞬く間に銀世界と化していきました。その美しい光景にもかかわらず、文郎はなぜか落ち着かぬまま友人の問いかけにも応じず、漠然とした寂しさと不安を感じていました。舎監が電報を携えて部屋に入ってきたのはその時でした。

「ハハキトク、スグカエレ」

文字が目に飛び込み、体が小刻みに震え始めました。夜の10時、まだ戸塚駅までは汽車がある。その先はわからない。しかし行かねばならない。どうしても行かなければ。文郎は自らを鼓舞し、矢も楯もたまらず、吹雪の中を母の元へと出発しました。雪は降りやむ気配もありません。それどころかますます激しくなって容赦なく顔をたたき、足は歩くごとに降り積もった雪に膝まで潜ってしまい、その重さと疲れで心が折れそうになりました。

文郎は悲しみに暮れながら、夜道を急ぎました。脳裏には走馬灯のように母との思い出が駆け巡ります。愛情を降り注ぐように育ててくれたこと、毎朝根気強く勉強を教えてくれたこと、きょうだいげんかをしては叱られたこと……どうしても今、母に会ってお礼やおわびを言わなくては……。

汗と涙と雪のしずくが顔を覆い、雪だるまのようになって家にたどり着いたのは深夜の1時半、母は既に旅立った後でした。文郎の下には4人の弟と2人の妹がいましたが、一番下の弟とは一回り年が離れていました。その弟を出産後、ヨネは少しずつ弱っていき、ついに帰らぬ人となってしまったのです。文郎は母の死を信じられず、

「お帰り、こんな吹雪の中をよく帰ってきたね」

という優しい声が今にも聞こえてきそうな気がしました。最愛の母を突然失った現実を受け止めきれず、涙さえ出ません。しかし時とともに次第に落ち着きを取り戻し、命は親から子へと受け継がれていき、母は自分の中に生き続けていくのだと考え、それを支えに前向きに生きていこうと心の中で誓ったのです。文郎14歳の冬でした。

6. 金言

大戦が勃発して世の中は好景気になり、全校生徒の尊敬と憧れを一身に集めた文郎の生活は至って快適でした。しかし物価は日々高騰し、なかでも学生たちにとって食費の値上がりは切実な悩みの種でした。親分肌で面倒見がよい上、弁の立つ文郎は何かとリーダー役になることが多く、この時も寮の炊事委員長に選出されました。日中は学校の勉強に専念し、寮に戻ると毎晩のように出入りの商人たちと値下げの交渉をしましたが、雄弁とはいえ働いた経験もない若造の主張がすんなり通るような相手ではなく、苦戦を強いられます。ですがそこで音を上げる文郎ではありません。懸命に作戦を練り、八百屋、魚屋……と個別に呼んでは来る日も来る日も粘り強く説得を続けました。

「あなた方は物を売って商売しているのですから、それを脅かすつもりは毛頭ありません。ですがこの数十年の間に、学校からも利益を得ているのは事実ですよね。私たちはまだ学生の分際で、親のすねをかじりながらよりよい社会をつくるために勉強している立場です。つまりあなた方は親鳥で、私たちはひな鳥にすぎません。嵐に見舞われたからといって、ひなを見捨てる親鳥がいるでしょうか。物価が上がったから、それを客に負担させるのはいかがなものでしょう。私たちは士魂商才ということを学びました。釈迦に説法ですが、利益を追求するだけでなく、客に奉仕してこそ繁栄していく、ということです。経済は日々変動し、今の景気も長くは続かないでしょう。ここはじっくり考えて、良識ある対応をしていただけないでしょうか。私たちは間もなく卒業していきますが、あなた方の分別ある行動は、この先ずっと後輩たちにも伝えられていくと思います」

問題解決のため、文郎は手を替え品を替え交渉に臨みました。やがてその熱意が通じて、理解を示し始め、値引きに応じてくれる人も現れました。不断の努力が実を結んだのです。士魂商才は後に文郎の経営理念のひとつになりました。

状況は好転したものの、さすがの文郎も連夜の奮闘に疲れ果て、ある日授業中に大いびきをかいて眠ってしまいました。それは教師の間で問題になり、文郎は校長に呼び出される羽目になりました。校長は穏やかな笑みを浮かべながら

「学校きっての秀才であり、将来が大いに期待されている君の今回のことは、どういう理由があろうとも大変残念でした。職員会議で3日間の謹慎が決まったので、そのつもりで……」

と前置きしてから、半紙を取り出しすらすらと筆を走らせ「人不当不主随所」と書きました。

「人まさに随所に主たらざるべからず」

じっと文字を見ていた文郎の体に、突如として稲妻のような衝撃が走りました。人はどこにいても主とならねばならない。いつ、どこで、どんな立場にいても、何者にもとらわれず常に主体性をもって行動すれば、そこに真実がある。「随所作主　立処皆真」臨済禅師の言葉です。

文郎は目覚めた思いで校長にお礼を言いました。時としてひとりの人との出会いが人生を決定づけ、ひとつの言葉が人生の道標になることがあります。この言葉はこれ以降文郎の座右の銘となり、生涯を通じ思想の根幹をなしました。それは3代目の新倉能文社長にも継承されました。さらに彼は学生時代に打ち込んでいたラグビーから、「One for All, All for One.」という精神を学び、「随所に主たるべし」とともに企業理念として掲げていました。全員が同じ方向に向かい、仲間のために時には自らを犠牲にして闘う、そうすることで培われた結束と信頼関係は揺るぎありません。究極の利他主義は翻って自身を生かすことにもつながります。その精神はスポーツであれ企業経営であれ、分野を問わず人々の気持ちをひとつにまとめ、目標達成の土台となるでしょう。

3日間の謹慎中、皆のために体を張っていた文郎の受けた処分に同情した級友たちが、代わる代わる菓子や果物を手に陣中見舞いに訪れ、おかげで文郎は和やかなひと時を過ごしました。

入学以来負けず嫌いの文郎は、後に愛知学芸大学の学長になった内藤卯三郎と常に1、2位を争っていました。ですが万能で学力、性格共に優等生だった内藤に比べ、文郎は音楽と体操を苦手にし、勤勉というわけでもありませんでした。悲喜こもごもの日々を重ねながら、やがて卒業が近づき、発表された文郎の成績順位は意外にも20位でした。体育と音楽と操行以外は抜群に優秀だったので、この結果に校内に不平不満の声がみなぎりました。友情に厚い文郎が、多くの友人たちに慕われていた証しでしょう。

1913（大正2）年3月【文郎・18歳】、文郎は66名の同期生とともに神奈川師範学校を卒業、卒業後は全員軍籍に入れられ、6カ月間の軍隊教育が義務づけられていました。文郎は甲府連隊での教育を終え、綾瀬の家から6キロほどの距離にあった六会小学校に就職しました。社会人としてのスタートです。初任給80円の新米教師は6年生を担当し、毎日教壇に立つことになりました。

文郎は伯母が就職祝いにと貸してくれた白馬に乗って得意満面で登校しました。それはサラブレッドの血を引いた将校用の名馬で、白馬にむち打って早朝の町をさっそうと駆け抜けるさまは、まるで絵画から抜け出てきたように気高く美しく、すれ違う人の目を引いたものでした。

着任後熱心に生徒たちを指導したものの、規律正しい神奈川師範学校で育った硬派の文郎はこの学校のどことなくのんびりした校風にうまくなじめず、やがて知り合いを介して戸塚小学校に転任しました。

7．淡雪

戸塚小学校に移ってから間もないある日、文郎は同僚たちと、町の青年団の名簿を作るため星の家という料理屋の2階に集まりました。仕事も一段落し、若者たちの酒宴が始まると、そこに現れたのが、光子という目のくるくるしたかわいらしい芸者。座敷はにわかに活気づき、三味線の音もにぎやかに、次々と杯が交わされます。しかし酒も飲めず歌も苦手な文郎にとって、宴会ほど苦手なものはありません。手持ち無沙汰で退屈していた彼の元に、光子が杯を手ににじり寄ってきました。

「まあ先生、さっきから怖いお顔ばかりして。せっかくの色男が台なしよ。さあ一杯どうぞ」

「飲めねえんだよ、俺は」

文郎は顔色ひとつ変えず、つっけんどんに答えました。

「あら、珍しい。でも私のこの杯、これひとつだけ受けてくださいな」

「そう言われても、飲めないものは飲めん」

「あら、案外頑固なのね。でも私、この杯を受けてくださるまで、絶対ここを離れませんから」

光子は意地になったのか、妙にからんできます。先ほどから2人の様子を見ていた同僚たちは面白がってはやしたて、飲め飲めと騒ぎ始めました。皆から攻撃され、困り果てて西郷隆盛の銅像のように固まってしまった文郎を見て、光子もさすがに同情して言いました。

「わかりました。先生は本当にお酒がお嫌いなのね。じゃあいいわ。許してあげる。その代わり、何か歌ってちょうだい」

よくもまあ、次々と苦手なことばかり言ってくる。

「歌も歌えねえ！」

「まあ、憎らしい。喉があってちゃんと声が出て、それで歌えないなんてことありますか。学校の先生なんでしょう？　よくそれで先生が務まるわね」

光子はそう言うと、彼の膝をぎゅっとつねりました。喉があって声が出ても、歌えないものは歌えないのです。

「先生ったら、どこまでも私をてこずらせるおつもりね。こんなに頼んでいるのに、どうしても歌ってくださらないの？」

「そんなに歌いたければ、自分で歌えばいいじゃねえか」

「ええ、ええ、歌いますとも。歌うから先生も一緒に歌ってくださいね。もっともっと座をにぎやかにしましょうよ」

そう言う光子の流し目につられて、

「ああ、いいとも。君がひとつ歌ったら、俺もひとつ歌ってやらぁ」

とうっかり大変な約束をしてしまいました。途端に嵐のような拍手が沸き起こります。

「まあうれしい！　きっと、きっとよ、ね」

光子はつぶらな目を一段と輝かせ、三味線の音色に合わせて木曽節、馬方節、鴨緑江節と3曲を見事に歌い上げました。

「さあ、お約束、今度は先生の番よ」

光子は三味線を弾きながら文郎の顔をのぞき込みました。彼は天井をにらんでいたかと思うと、突然げらげらと笑いだしました。例の笑いです。

「俺はやっぱりできねえよ」

「まあずるい。私にばっかり歌わせて。これじゃ約束違反よ。うそつき。学校の先生がうそをついていいの？」

「何を言いやがる。君は商売じゃねえか。俺は歌いたくないといったら歌いたくないんだ。もう帰るぞ」

文郎はすくっと立ち上がりました。

「怒ったの？　ごめんなさい」

「どけ！」

文郎は光子の手を邪険に振り払った拍子に、その白い頬をいやというほど殴りつけてしまいました。光子の悲鳴を背に、文郎は階段を駆け下りていきました。

1週間後、再び青年団のことで集まっていると、光子が息を弾ませて部屋に入ってきました。そして
「まだいてくださったのね。間に合ってよかった」
と言うなり、文郎の膝の上で泣き崩れました。驚いた文郎はなすすべもなく、肩のあたりを見つめたままぼうぜんとしていました。
「おい新倉、何とか言ってやれよ。かわいそうじゃないか。光子はおまえにぞっこんなんだぜ」

見かねた友人のひとりが、顎をしゃくりながら言いました。この間のことで憎まれているとばかり思っていたのに、女心とはそんなものなのかなあ……文郎は光子の本心をはかりかねながらも、なぜかしんみりした気持ちになりました。

翌日小雨の降る柏尾川のほとりを相合い傘の２人が歩いていました。文郎は女性と遊ぶことはあっても、本気で愛することはできずにいました。尊敬することもまた彼には難しかったのです。具体的にこれといった希望も野心もありませんでしたが、それでも自分は将来きっと何か大きなことを成し遂げる人間である、という悟りにも似た思いは常に持っていました。不当不主の新倉なのです。その将来をこの女のために誤ることがあってはならない、光子と一緒にいる時も、彼の耳元では先祖の声が、絶えずそうささやいていていました。

ある時文郎は意を決し、若干の金を都合して別れを切り出しました。光子は血相を変え、地面に金をたたきつけました。

「あたしはねえ、芸者という卑しい家業の女ですけど、お金欲しさに先生にほれているんじゃないんですよ。生身のひとりの女として、先生が好きで好きでたまらないんです。そりゃあ先生からしてみれば、芸者風情の私のような女がそばにいれば、立身出世の妨げにもなりましょう。でも先生だったらそんなこと百も承知でいらしたでしょうし、わたしだって何も一生芸者をしなければならないわけではないのですから……」

　そう言うなり、光子はわっと泣き出してしまいました。人一倍情に弱い文郎は、涙を見て動揺し気持ちが揺らぎましたが、心を鬼にして敢然と言いました。

「光子、そんなに俺のことが好きなら、何も言わずに黙って君の命を俺にくれないか」

「ええ、差し上げますわ。一緒に死んでくださるのね。光子はうれしゅうございます」

「いや、そう言っているのではない。俺も考えた末の決心なんだ。死んだつもりで別れてくれないか。君と俺とでは進む道が違う。芸者と先生だからではない。運命が違うんだ。無理に一緒になっても決して幸せにはなれない。この先、けんか別れするより、思い思われている今のうちに別れて、お互いに生涯相手の幸せを祈るのが、本当の幸福というものではないか。光子、どうかわかってくれ」

　うなだれたままじっと耳と傾けていた光子の目から、とめどなく涙が流れてきました。

「先生、わかりました。それほどまでにおっしゃるなら、光子は仰せに従いお別れいたします。そして命のある限り、先生のお幸せを祈ってまいります」

　季節は初春、はかなく消えていく淡い雪のように、ひとつの恋が終わりました。

8. 珍客

それから間もなく、文郎は川崎小学校に転任しました。紅顔の美青年文郎には次々と縁談が舞い込みましたが、どんな話にも大して気乗りがせず、マツダランプに勤めている荒堀という友人と汁粉屋の一室を借りて自炊を始めました。眼下に流れる多摩川に泳いでいる大きなコイを眺めていると、魚釣りに興じた幼い頃の日々が胸によみがえります。また朝日や夕日が川面を染める美しい光景には、心が慰められました。京浜国道をつなぐ六郷の橋は昼夜を問わず工事に追われ、窓を開けると作業員が振り回す鉄槌の音が響き渡っていました。

ある日窓辺に机を寄せて生徒たちの答案を調べていた文郎は、ふと何ともいえない異様な気配を感じました。添削の手を止め、思い切って振り向いてみると、開いた障子の間から玄関先にしゃがんでいる男の姿が……。男は黒いマントを羽織っていました。一体何者だろう……眉をひそめて様子をうかがっていると、開け放たれた玄関に一陣の風が吹き込んできました。次の瞬間、風にあおられてマントの裾がめくれ、ピカピカに磨かれた黒靴が現れました。

泥棒だ！　そう直感した文郎は、男の元に駆け寄り、猛獣のように男に襲いかかったのです。男は驚いて抵抗しましたが、文郎のすさまじい剣幕にすっかり恐れをなして震え出し、土間にばったり両腕をつきました。

「すみません。いけないと知りながら、つい出来心で……。実は長い間失業していて、この2、3日何も食べていないのです。どうか、勘弁してください」

謝罪の言葉も切れ切れに、小さくなって首を垂れる男の姿に、留飲が下がりました。

「そうか、それはかわいそうだな。今日のところは許してあげよう。よし、俺が少し小遣いをやろう。早く仕事を見つけて、これからはどんなに困っても、決して人の物を盗んだりしてはいけないぞ」

「はい、わかりました。ありがたく頂戴します」

四十がらみのその男は、そう言うと手の甲で神妙に眼鏡を拭きました。文郎は自分より年上の男に説教をしたばかりか、財布からなけなしの五十銭銅貨を1枚出して渡しました。

男は幾度も頭を下げながら、すごすごと六郷橋の方へ消えていきました。

一件落着。しかし、世の中には気の毒な人もいるものだ。やれやれ……文郎はそう思いながら、気を取り直してまた答案調べにとりかかりました。すると今度は玄関の方で若い女性の声がします。声の主は同僚の桜井先生でした。早速今の話をすると、桜井先生の顔がみるみる曇り、次第に緊張を帯びてきました。

「新倉先生、大変よ。それは今警察が非常線を張って捜査している前科何犯の大泥棒に違いないわ。惜しいことをしたわね。とにかくすぐ警察に電話するわ」

と言って慌ただしく立ち上がりました。彼女の夫は川崎警察署の刑事なのです。文郎は開いた口がふさがらないまま、しばらくその後ろ姿をぼうぜんと眺めていました。

夏

（大正12年～昭和11年）

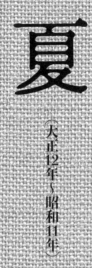

1. 決意

文郎はその後も何校か転任し、1923（大正12）年【文郎・28歳】、御所見小学校在職中の28歳の時に、神奈川銀行の頭取だった伯父早川茂一の媒酌で、有馬村の村長浜田宗直の妹、浜田キヌと結婚、それから間もなく、父親の隠居を機にいったん学校を休職して綾瀬の家に戻りました。在職中は、校長や教頭と衝突することも少なからず、果たして教員が天職か自問自答していたのです。家で雇っていた数十人の小作人や広大な田畑もまた、心ひかれるものではありませんでした。その頃、彼の帰郷を待ちわびていた男がいました。友人の福島元吉です。彼は耕地整理の問題で窮地に立たされていました。文郎はこの土地の紛争を見事に解決して彼を救い、以来2人は強い信頼関係で結ばれることになったのです。

9月1日土曜日は朝からどんよりと曇り、風ひとつなく蒸し暑い日でした。昼食を済ませた文郎は、汗を拭きふき一息つこうと縁側に出てきました。午前11時58分、突如として大地がうねりを上げて揺れ始め、文郎はあらがう間もなく庭先に放り出されてしまいました。楡や柿の木が大きくたわみ、白い土蔵の壁が土煙を上げて崩れ落ちてきます。関東大震災の襲来でした。南関東を震源とし震央は山梨県東部、神奈川県西部、相模湾、最高震度6、マグニチュード7・9、持続時間48秒。その猛威は到底筆舌に尽くせるものではありません。未曽有の衝撃になすすべもなくぼうぜん自失する人々。折あしく昼時で火を多用していたことが、被害を一層拡大させてしまいました。立ち上る黒煙が魔手のように不気味に空を覆っていきます。

文郎は揺れる大地に足を踏ん張り、何とか立ち上がりました。これは大変なことになった。震源地ばかりでなく、被害は広範に及ぶに違いない。文郎の予感は的中し、死者・行方不明者が10万人を超す大規模災害となり、首都東京の行政機関も壊滅的な被害を受けたため、あらゆる面で大混乱をきたしました。

復興まで一体どれくらいかかるだろう。ぐずぐずしてはいられない。何としても日本を救わなくては。文郎は自らを奮い立たせました。この窮地に自分にできることは何か……彼は福島を伴い、まずは現状を把握しようと上京を試みましたが、交通という交通が軒並みまひし、東京はおろか、どこに行くこともままなりません。今まで当たり前に行われていたことが何ひとつできない、まるで手足を奪われたかのような不自由極まりない現実、そのピンチが文郎を決心させたのです。国家の再建はまず、国民の足となる交通機関の復興からだ。自分はこの国のため、交通事業に身をささげよう。

思い立ってから行動を起こすのに時間はかかりませんでした。文郎は福島とともに早速アメリカのフォード社の代理店をしていた友人に電報を打ち、６０００円を工面し合ってトラック４台を注文しました。そしてトラックが到着すると本所横川橋に家を建て、綾瀬自動車運輸の看板を掲げて支配人になったのです。支配人とはいえ、事務所に鎮座している間などなく、仕事の注文取りに奔走し、荷積みを手伝っては助手席に飛び乗り、帰れば洗車から修理まで運転手と苦労を共にして行い、夜には帳簿の数字に目を光らせ、昼夜を問わず身を粉にして働きました。こうして教師から１８０度方向転換した文郎の交通事業への第一歩は、文字通り汗と油にまみれたものでした。

目の回るような日々の中、時にはユーモラスな出来事も起こります。残暑厳しいある日、文郎は運転手の岡とともに、味の素の小さな缶を山のように積んで、よたよたと川崎の工場に向かっていました。荷台が軽いだけに車に弾みがつき、荷物の揺れが次第に大きくなっていきます。一抹の不安を抱えながらも川崎大師付近の工場に無事入り、やれやれと胸をなで下ろした途端に、荷物がいきなりガラガラと音を立てて崩れ落ちてきたではありませんか。無数の小さな缶が、あれよあれよという間にコンクリートの上を四方八方に転がっていきます。2人は言葉もなく目を見合わせ、困り果てながらも延々と小さな缶を拾い集めたのでした。

また埼玉の田んぼ道を鉄骨を積んで走っていた時のこと。車の重みで橋が折れ、警察に大目玉を食らったことがありました。警察は公共物を破損したのだから弁償しろと怒鳴り、文郎も負けてはいず、自動車が通って壊れるような橋を放置しておくのは警察の責任だと言い返し、両者一歩も譲りません。面倒になった新倉は

「おい、貴様この車に乗れ。おまえじゃらちが明かんから、県庁でもっと偉い人に会って話をつけよう」

と言って強引に警官を車に乗せました。幸いというべきか、当時埼玉の警察部長を務めていたのは、従兄の早川三郎でした。ちょうど日曜日だったので、車が官舎に入ると和服姿の従兄が庭先で植木いじりをしているのが見えました。

「おーい」

と声をかけると、振り返った従兄はびっくり仰天。

「何だ、文郎じゃないか、一体どうしたんだ?」

ですがもっと驚いたのは車に乗っていた警官でした。トラックの運転手をしている人足風情

の男が警察部長と呼び捨てて話し合っているのです。先ほどの勢いはどこへやら、彼は急に肩を落とし、しょぼしょぼと帰っていきました。

後に日本経済新聞に掲載された記事には、記者に半生を語った様子が如実に描かれています。

しがない田舎教師から身を起こして、今や七百台のタクシー・ハイヤーを持つ交通会社の社長へ——何だ、面白くもない、カビ臭い立身出世話じゃないか、という顔をして見せたら、新倉が射るようなまなざしで「まあ、黙って聞きたまえ」と凄んで膝を乗り出した。関東大震災のとき、はるかに赤々と燃える東京の空を小手をかざして眺めているうちに、はたと膝を打ち「これだ！」と悟ったのである。インスピレーションというやつだ。そこで上京して本所の横川橋に「綾瀬自動車運輸」の看板を掲げたのが今日の道への門出だった。

それまでは神奈川県の田舎で小学校の先生を十年。子どものころは巡査嫌い。どういう訳かは聞きもらしたが、これが長じて役人嫌いに進化し、今まで三十余年というもの徹底的に役所の方針にレジデンスしてきた。戦争中天下りで企業合同を押しつけられたとき「業者が自主的に合同すべきである」と侃々諤々机を叩いて役人の逆鱗に触れ、業界から追放を食ったことがある。今でも関係当局にはめったに頭を下げず、おかみのなされ方にしょっちゅう文句をつけている。

2. 初陣

大震災後の日本は着々と復興を果たし、一時は廃墟と化した焼け跡にも次第に真新しい建物が増えていきました。

１９２４（大正13）年1月7日【文郎・29歳】、いつものように荷物を満載して東京まで運び、帰社する途中のこと、ただならぬ気配に視線を走らせると、大きな建物の中に警察の一団がなだれ込んでいくのが見えました。看板には「東京自動車業組合総会」と書かれていました。これは人ごとではない。そう直感した文郎は、すぐに車を止めさせ建物の中にずかずかと入っていったのです。

館内は１５０名ほどの人々で騒然とし、罵声が響き渡り、灰皿を飛ばす者あり、椅子を振り上げて暴れる者あり、さらにそれを鎮めようとする警官たちともみ合いになり、見るも無残な修羅場と化していました。何という醜態だ。これが同業者のすることか。文郎はいいようのない怒りが込み上げ、人々をかき分け、いきなり演台に仁王立ちになって叫びました。

「どういう理由で争っているのか知らないが、それが何であれ同業者が争うのはしょせんコップの中の嵐に過ぎず、愚の骨頂ではないか。諸君がいくら殴り合ったところで問題は解決しない。それどころかこのような醜態は業界の恥ですぞ。元々は敵でも味方でもないのだから、落ち着いて話し合おうではないか」

見たこともないはんてんを着た人足風情の男が、突然壇上で口角泡飛ばし熱弁を奮いだしたのですから、一同驚かないはずはありません。文郎は構わず続けます。

「諸君もおわかりのように、現在われわれ自動車業界は非常に重要な使命を背負っているのです。日本は震災で大打撃を受けてしまいましたが、国民は一致団結して日夜首都の復興に努めているではありませんか。われわれの団結力と復興力は広く海外からも評価されています。復興の原動力でもあり、国民からも活躍を期待されているわれわれ自動車業界がこのような争いを続けていてよいのでしょうか」

次第に争いの手を止め、文郎の言葉に耳を傾ける人が一人二人と増えていき、ざわめきの中からパラパラと拍手が起きました。

「諸君、どうか落ち着いてください。そして冷静に話し合いましょう。今は争っている場合ではありません。業界の基盤を築き、われわれに課せられた使命と任務を果たす時なのです。そうすれば自動車業界は間違いなく華々しく飛躍するでしょう。賢明なる諸君ならきっと私の言っていることを理解してくれるはずです」

先ほどまで手のつけようもないほど騒々しさを極めていた会場が、彗星《すいせい》のごとく現れたひとりの野人のような男の雄弁に水を打ったように静まり、しまいには万雷の拍手が沸き起こりました。こうして新倉文郎は一日にして自動車業界の最高指導者に祭り上げられたのです。

3. 和解

当時の組合はハイヤーもバスもトラックも一緒でしたが、主導権を握っていたのは主としてハイヤーとバスの幹部でした。しかし震災後の混乱の中で物流を担ったトラックの役割は極めて大きく、復興に不可欠な輸送機関になりました。必然的にその数も急増して組合内の比重も変わり、トラック業者の発言権もどんどん強くなっていきました。そのような状況の変化にもかかわらず、旧態依然としている幹部に腹を立てたトラック業者は、幹部排撃と貨物部の独立を訴える運動を起こし、臨時総会を開いたのです。彼らは理路整然と話のできる新倉の能力と風貌に目をつけて革新派の代表に推し、総会では両者が組合の機構を巡りけんけんごうごう意見を闘わせました。

不穏な状況が続いていたある日、綾瀬自動車運輸の前に見慣れない高級車が止まり、中年の紳士が降りてきました。

「新倉さんのお宅はこちらですか?」

差し出された名刺には「東京自動車業組合組合長　柳田諒三」と書かれていました。これが当時業界を牽引していた柳田（エンパイア自動車株式会社代表取締役社長）と新倉との出会いでした。以来2人は長期にわたり、密接な信頼関係を構築していきます。

「柳田です。先日はいろいろお骨折りありがとうございました。あいにくあの日は体調がすぐれず欠席してしまい、大変失礼致しました。新倉さんとはぜひ直接お目にかかって組合の将来についてご相談申し上げたいと思い、突然ながら伺わせていただいた次第です」

柳田は終始柔和な様子で語り、2人は初対面にもかかわらず打ち解けてさまざまな意見を交わしました。そして自動車業界が目覚ましい飛躍を遂げ、組合内のバランスが崩れてきている現状に合わせ、組合を改革すべきであるという意見に一致しました。

新倉との合意を確認した後、柳田組合長の適切な対応が功を奏して幹部派と革新派の関係は急速に改善し、両派はステーションホテルに集合して和解の一歩を踏み出したのです。

新倉は革新派を代表してあいさつしました。

「自動車業界が飛躍的に発展している現在、それにそぐわない組合機構を放置してきた幹部の責任は重大であります。ですがこれを徒党を組み、暴力を使って改めようとする革新派の行動もまた行き過ぎであると言わざるを得ません。これからはお互いに良識をもって現在の組合機構を冷静に分析・再検討し、改めるべき点は改め、速やかに具体的な方針を立てねばなりません」

これに対し幹部派の代表、加藤猪三次郎のあいさつ。

「ただ今の新倉君のごあいさつは理路整然とし、誰も反対できないと思います。われわれ幹部には耳が痛い点もありますが、何と言われても仕方がありません。新倉君の言葉を尊重し、業界は一致団結して組合の改革を図りましょう」

無事会合を終え安堵したのもつかの間、廊下に出た途端に、新倉は革新派の面々に取り囲まれてしまいました。

「あれでは手ぬるい。どうして幹部派の責任をもっと徹底的に追及しなかったのか」

彼らの厳しい追撃にも新倉はいささかも動じることなく、悠然として反論しました。

「あれでよろしい。俺に代表を依頼した以上、君たちもつべこべ言わず、俺を信頼すべきだろう」

彼はやってきたエレベーターに乗ると、頭に血が上って騒いでいる連中の目の前でぴしゃりと扉を閉め、不敵の笑みを浮かべたのでした。

革新派には頭が切れ、弁護士でもあった三矢万吉という男がいました。彼と2人で作り上げた組合改革の具体案と規約改正の原案は、1925（大正14）年3月16日【文郎・30歳】に開催された臨時総会で満場一致で承認され、貨物部門の独立問題も、都下に12の支部を設立することで解決しました。

草案を練っていたある時、三矢がつぶやきました。

「新倉、もうトラックなんてつまらないよ。貨物自動車の発展はもうピークに来ている。日本の復興が一応済んだらどうなると思う？　朝から真っ黒になって働く仕事はもうよしたまえ。これからは何といっても乗用車の時代だよ。人間はどんどんぜいたくになってくるし、スピードも要求するからね。そこで俺は乗用車の大衆化を考えているんだ。例えば市内ならいくら乗っても2円という均一料金にするのはどうだろう。そうすれば誰でも手軽に乗れるようになる。これはきっと当たるぜ。採算も取れるだろう。どうだ、一緒にやってみないか」

新倉もこのアイデアは面白いと思い、早速エンパイアの柳田社長に相談しました。彼も快諾し車の提供を申し出てくれたのですが、残念なことに病身だった三矢は他界してしまい、この計画は流れてしまいました。しかし後年、円タクが出現することになり、彼が時代の先読みのできる聡明な人物であったことがわかります。

4. 辣腕

綾瀬自動車運輸の仕事は福島に任せ、新倉は常任理事を務めていた東京自動車業組合の仕事に没頭し、その活躍は実に目覚ましいものでした。自動車税の引き下げ、運転手養成所の開設、駐車場の設置、駅構内の開放、共済組合の設置などあらゆる方面で辣腕《らつわん》を振るい、改革後の組合の整理と再建に全力を尽くしたのです。そのため組合員の人数は激増しました。再建整理が一段落すると、新倉は常任理事を辞任し、長年の希望であった共済会を設立し、会長に就任しました。

新倉の活躍ぶりは瞬く間に広く知られるようになり、それと並行してさまざまな依頼も後を絶たなくなります。東京一円タクシー(*1)の経営に行き詰まっていた山田忍三もそのひとりでした。彼は元々ディーラーとハイヤーを兼業していましたが、新倉に、起業に際して資金の調達を依頼した長谷川元帥を紹介したいと言ってきました。長谷川は前朝鮮総督で、山田は以前、元帥の副官を務めていたということです。状況を察知した新倉は、早速元帥に面会して忠告しました。

「こういう仕事は閣下の御身分に触ります。およしになった方がご自分のためでしょう」

業界に明るくなく自身も不安を感じていた元帥は、新倉の進言にわが意を得たりと喜びました。

「実は新倉君、あの東京一円タクシーという会社は、お察しの通り全部わしから金が出ているのだが、山田のように他に本業を持っている者にはどうもうまくいかんでのう。わしも今になって少々まいっとる。とはいえいったん引き受けたことをそう簡単にやめるわけにもいかず、どうだろう、君たち専門家の目から見てあの仕事はまだ見込みがあるだろうか。そうであるなら、君が引き受けて何とか立て直しをしてくれんだろうか」

頼まれると首を横に振れない新倉は、内心少々へきえきとしながらも元帥の懇願を了承し、間もなく東京一円タクシーの社長に就任し、再建に乗り出したのです。

当時のタクシー会社は個人営業が許可されていたため、車庫と修理と税金だけを負担する名義貸し(*2)の会社がたくさんありました。そこでは名義料の多少が問題になり、車両主(運転手)

との間に争いが絶えませんでした。

　東京乗合自動車（通称・青バス）も騒動に巻き込まれました。発端は第一タクシーで、名義貸し問題から騒動が激化し苦慮した揚げ句、会社ごと青バスに譲ってしまったのです。ところが青バスでも収拾がつかず、困り果てた堀内良平社長が新倉の元に駆け込んできました。

「この争議を解決できるのは、この業界にただひとり、君しかいない。第一タクシーの専務ということにして青バスに乗り込み、問題解決に当たってくれないだろうか。頼む」

　ただでさえ人の何十倍も働いている新倉には、義理も時間もありませんでしたが、元来頼まれるといやと言えない性格です。その上争議団が暴力化していると聞いた以上、見過ごすわけにもいかず、またしても難局に立ち向かうことを承諾しました。

　引き受けたからには何としてでも解決せねば。新倉は早速行動に移しました。名義貸し料について争議団の要求は1カ月当たり50円、これに対し会社側の提示は80円。両者譲らず30円の差が埋まりません。業を煮やした新倉は大みそかにたった一人で争議団に乗り込みました。げたを履いたり鉢巻きをしたりしている争議団の代表45名は、この招かれざる客を邪険に扱い
「おまえなんかと交渉する気はない」

「一体いつから第一の専務になったんだ」

などと乱暴な口を利いて、一向に取り合おうとしません。取り付く島もないと感じた新倉は、いったん交渉を打ち切って組合に戻り、すぐに金庫にいくらあるかを調べさせました。結果は130円、彼はその全額を持ってくるように命じました。妙案が浮かんだのです。新倉は各駅に配置されたポーター13名を呼びつけ、ひとりに10円ずつ渡してある密命を告げました。彼らを使ってひと騒動起こそうという作戦です。

大みそかの夜の11時頃、新倉は深川門前町の竹の家という旅館にふらりと現れました。

「おかみ、今夜はここに泊めてもらう。どこか静かな部屋を用意してくれ」

彼は案内された2階の4畳半に入ると、どこからともなく聞こえてくる除夜の鐘の音に誘われ、いつの間にかいびきをかいて眠ってしまいました。

明けて元日、目を覚まして雑煮を食べ、分厚い朝刊を手にすると「東京駅前の大乱闘」という大きな見出しが目に飛び込んできました。第一タクシーの運転手が年越しの酒で泥酔し熟睡している隙に、ナンバープレートを外し検査証を奪ったポーターたちと大乱闘、第一タクシーは目下争議中の会社であるため、地元の丸の内警察署では厳重に警戒し真相の追及に当たる、という内容でした。

よしよし……新聞を手に新倉はほくそ笑みました。この騒動により、第一タクシーは衆目を集めることになりました。計画は首尾よく実行されたのです。

三が日が過ぎ4日の早朝、新倉は警察庁に出頭し、第一タクシーの全車両62台の廃車届を提出しました。車は運転手のものであっても会社名義であるのに、争議が始まって以来会社には一銭も納めず、日々の収入はそのまま運転手の懐に入っている、そのような不正行為をする車は不要、というのが廃車の理由でした。新倉は語気を荒らげ、廃車したら税金は納めないから脱税者を片っ端から検挙しろ、とつけ加えることも忘れませんでした。

これに驚いたのは警視庁より争議団でした。車がなくなってしまっては話になりません。追い詰められた彼らは、不当処置であるとして警察庁に訴え出ました。

警察庁から呼び出された新倉は、再びたった一人で争議団15名と会談を行いました。以前の勢いはどこへやら、彼らは藤崎調停課長の話をおとなしく聞いています。新倉は名義貸し料80円を承諾することと、滞納金を1カ月30円とし3カ月分を納めることを最終案として提示し、もし同意が得られなければ解散もやむなし、と迫りました。争議団は打つ手がなく、渋々要求をのみ、これを受けて新倉も車両の廃車を撤回しました。一同安堵の色が浮かんだその時、新倉はおもむろに切り出したのです。

「ところで争議費用はどうしよう……」

当時争議が起きた場合は、勝敗にかかわらず費用は会社が負担するのが通例になっていました。想定外の発言に度肝を抜かれた警察が、何とか話をやめさせようとしきりに目配せするのに気づきながら、新倉は一向に構う様子もなく続けます。

「会社はこの争議の損害として1万5000円を君たちに要求します」

これを聞き、警察は驚き争議団は逆上しました。前例のない話です。

「新倉さん、それはどういう意味ですか？」

藤崎調停課長が冷静を装って尋ねました。

「普通の調停なら争議団に金を包む方法を私も知っています。ですが今回の場合、無休で争議に対決したのは会社側で、争議団の方は毎日働き収入を全部懐に入れていたでしょう。つまり諸君は争議でもうけていたのですから、争議費用は君たちが会社に払うべきなのです。私の言っていることは間違っていますか？　私は不正は絶対許せません」

「やいやいてめえ、せっかくの調停をぶち壊しにするつもりか!?」

予期せぬ要求に馬脚を現した争議団が騒ぎだし、円満に収まるかに見えた調停はあっという間に決裂してしまいました。常軌を逸した様子に不穏な動きを察知した警察が、そっと注意を促しました。

料金受取人払郵便

神田局
承認
6837

差出有効期間
2021年4月
30日まで

郵 便 は が き

1 0 1 - 8 7 9 6

6 0 4

東京都千代田区神田小川町 3-3
ＨＦ神田小川町ビル８Ｆ

株式会社 主婦の友インフォス
読者アンケート係　行

★愛読者カード　今後の出版企画の参考にいたしたく存じます。ご記入の上、ご投函くださいますようお願いいたします。切手不要です。

ご住所　〒□□□-□□□□

お電話番号　(　　　)

フリガナ

お名前

性　別	男・女	ご職業	
年　齢	10代　20代　30代　40代　50代　60代　70代　80代以上		
メールアドレス	@		

ご記入いただいた個人情報は、企画の参考、商品情報の案内目的にのみ使用するもので、他の目的で使用することはありません。

ご購入いただいた本のタイトルをお書きください

●本書をどこでお知りになりましたか（複数可）

1.書店で見て　2.新聞や雑誌で見て　3.インターネットやＳＮＳで見て

4.テレビなどで紹介されたのを見て　5.人にすすめられて

（具体的には　　　　　　　　　　　　　　　　　　　　　　　　　　　）

6.その他（　　　　　　　　　　　　　　　　　　　　　　　　　　　　）

●本書についての感想をお聞かせください

…………………………………………………………………

…………………………………………………………………

…………………………………………………………………

…………………………………………………………………

…………………………………………………………………

…………………………………………………………………

●最近、ほかにお読みになった本をお教えください

●最近、ご興味をお持ちのこと、分野をお聞かせください

ご協力いただき、ありがとうございました。いただいたご感想は、弊社宣伝物や販促物に匿名で使用させていただくことがあります。

□ 許可しない

「新倉さん、くれぐれもお気をつけて。裏口からそっと出て、車でお帰りになった方がいいですよ」

忠告に従って裏口からタクシーに乗ると、確かに木陰や石垣の後ろなどに争議団らしき人々の姿が見え隠れしていました。

数日後、新倉が組合本部にいると、青バスの堀内社長が裁判所の仮処分令書を手に青くなって駆け込んできました。

「新倉君、大変なことになった。争議団が保証金を積んで、あの一件の仮処分を申請した。だから廃車届を出しても裁判で決定するまでは車の使用を認めるというんだ。一体どうしたらいいだろう」

「ほほう、そういうやり方もあるのかね。でもこんなものは何の役にも立ちません」

新倉は堀内の手から仮処分令書を取ると、丸めてぽんとくず籠に放り込んでしまい、堀内は目を丸くして棒立ちになりました。

新倉はあくまでも強気でしたが、争いは思うように収束せず、事態を重くみた東京駅の旅客係が厳重な抗議を申し込んできました。長引く争議で駅を利用する顧客に迷惑が及んではならないということです。新倉は解決策として、すぐに市内のハイヤー運転手に連絡し、高級セダン21台を借り集め、警察の護衛つきで営業を開始しました。車はエンパイアの柳田の協力も得て50台を超すようになり、当時セダンなどの高級車はなかなか見られなかったので、駅も乗客も大変喜び、この対応は成功を収めました。

しかしその後も警察と争議団の衝突は何度も繰り返され、そのたびに新倉は火消し役に駆り出されました。第一タクシーの争議中、同じ青バス系の実用タクシー400台に同様の問題が起きた時にも、新倉は乗りかかった船と解決に乗り出し、見事に収拾しました。彼はたとえ相手が100人であっても敵陣に一人で乗り込み、決して自説を曲げませんでした。争議団と新倉との根比べです。新倉は直営車の増強と新しい営業所の設置を盛んに行い、そのかいあってついに争議団の一角が崩れ始めました。最大の千住営業所が、まず彼の熱弁に屈したのです。こうなると他社も追随していきます。思う一念、岩をも通す。新倉の不屈の精神力のたまものでした。

こうして態勢が決まった時点で、新倉は争議中会社に密告したり争議団に戻るなど裏切り行為をした4名の指導者を即刻解雇しました。この処分には争議団も会社側も驚き批判の声も上がりましたが、彼は微動だにしませんでした。争議後の会社の再建整理には、わずかでも危険な要素は徹底的に排除することが絶対必要だったのです。

＊1 東京一円タクシー
1927年に創立。東京市内なら1円均一という、いわゆる「円タク」。当時の東京市は15区（麹町、神田、日本橋、京橋、芝、麻布、赤坂、四谷、牛込、本郷、小石川、下谷、浅草、本所、深川）だった。現在でいえば、東京駅を中心に半径約6〜7㎞。その地域はほぼ山手線の内側と東は千住、亀戸まで。千代田区、中央区、港区、文京区、台東区全域と新宿区、墨田区、江東区のそれぞれ半分に当たる。それまでの料金が1㎞当たり50銭だったのでかなりのダンピングだった。

＊2 名義貸し
他社の取引に際し、自分の氏名や商号を貸して契約させること。タクシー事業者など資格や国の許可が必要な業務の事業者が、申請や登録などの際にその資格のない人や会社に名前だけを貸す行為。公益を害する恐れがあり違法行為とされる。

5. 啖《たん》呵《か》

青バス系に実用タクシーがありました。この会社は両国駅周辺を中心に騒動を起こすことも少なくなく、ある時四谷見附で毛皮のコートを着た立派な紳士を引き倒す事故を起こしました。幸い大したけがではありませんでしたが、紳士は運転手が交番に届けようとするのを慌てた様子で固辞し、足を引きずりながら去っていきました。

その数日後、青バスタクシー部の電話がけたたましく鳴り、先日の被害者の具合が著しく悪いので責任者を至急赤坂の山王ホテルまでよこせとのこと、口調からして、どうもただ者ではないようです。腰が引け互いに顔を見合わせている面々を見渡し、新倉は立ち上がってすぐに車を飛ばし、ホテルに向かいました。

重苦しくなるほど立派な応接室で待たされること数分、廊下で荒々しい足音がしてバタンと扉が開き、年は45、46か、見るからに癖のありそうな眼光鋭い男が入ってきました。右手には抜き身の日本刀を持っています。

「君が実用の重役か、よく来たたな。俺は鈴木ちゅうて最近満州から帰ってきた者じゃ、覚えておけ。ところで君のところの車にひかれた下川ちゅう人はな、実は中村弘先生の実弟の中村明先生じゃ。君も知っとるじゃろう。今は世を忍ぶ姿じゃてあまり名前を明かしたくなかったんでのう。あのまま帰りよったが、どうもくるぶしが痛んで困っちょる。天下の志士の名にかけて、無論このまま泣き寝入りするつもりは毛頭ないのじゃ。俺たちも見捨ててはおけんことじゃでのう。さてどうする」

男は日本刀の先で床をつつきながら、ぐっと身を乗り出して威嚇してきました。

新倉はハハアと思いました。大体こんなことだろうと想像してきたが、予想以上に手ごわいぞ。しかしこんなやつらの言いなりになってたまるか。向こうが高飛車に出るなら、こちらも高飛車に出てやろう。生来の闘争心がむくむくと頭をもたげ、新倉は大きな目で相手をにらみ返しました。

「鈴木君と言ったかな。余り大きな口をたたくなよ。君も天下の志士なら俺も東京1万台のタクシー界を背負っている男だ。君たちに脅かされて金を奪われるようでは名がすたる。自分の名前に傷がつくくらいなら腕の一本くらいやった方がましだ。どうだ斬れるか。場合によっては命のやりとりをしてもいいんだぜ」

そう言うと新倉は、男の前にぬっと片腕を突き出しました。気迫に押され鈴木はしばらく無言で立ち尽くしていましたが、やがてからからと笑い始めました。

「いやあ、新倉君、まいったまいった。これは俺の負けじゃ。タクシー界に君のような人物がいるとは思わなかった。実に愉快じゃ」

鈴木は相好を崩して手を差し出しました。

「鈴木君、そうは言ってもこのままというわけにはいかない。中村先生には気の毒なことをした。おわびに見舞金を包もう」

「ほう、見舞金か。一体いくら包んでくれるのじゃ？」

「冗談じゃない。見舞金の額を聞くやつがあるか」

2人は思わず顔を見合わせて笑ってしまい、新倉はその場で見舞金300円を包んで渡しました。

「これはありがとう。中身は聞かんことにしよう。また怒られるからのう。ところで中村先生に会っていくか？」

鈴木は出ていくと、すぐに和服姿の中村先生を連れて戻ってきました。確かにくるぶしに包帯を巻き、つえをつき足を引きずりながら歩いています。3人はまるで十年来の友人のように談笑しました。新倉はこのような人々との折衝にもひるむことなく、胸襟を開いて接したのです。

6. 応 援

青バスの堀内良平社長が山梨県八代郡の郡会選挙に立候補し、新倉は自動車業組合を代表して甲府まで陣中見舞いに行きました。山梨は県民の知的レベルが高く、選挙運動も盛んな地域で、堀内が演説会場にした小学校にも既に300名ほどの聴衆がひしめき、場外にあふれた人々が校庭を埋め尽くしています。

著名人の応援があるわけでもないのに熱心な県民の態度に感銘を受けた新倉は、帰京の予定を延ばして控室から様子を眺めていました。ところが支援者たちの演説が一通り終わっても、肝心の堀内は現れません。演台は空になり聴衆が騒ぎ始めました。司会者はなすすべもなくうろたえるばかりです。新倉はふと思い立って立ち上がり、まっすぐに演台に向かいました。見知らぬ男性の登場に何事かと静まり返った聴衆を前に、新倉はゆっくりと語り始めました。

「甲府の皆さん、私は堀内の応援弁士ではなく、皆さんと同じように堀内の演説を聞きにきた聴衆のひとりにすぎません。それにもかかわらず今予定外の私がどうしてここに立っているかと言うと、候補者の無二の親友であり公私両面を知り尽くしているひとりとして、熱心で賢明な皆さんに彼の知られざる面をお伝えし、より一層のご支援をお願いしたいという一種の感動に押されたからなのです」

場内に割れるような拍手が起こりました。新倉は堀内の人柄に始まり、人生観、政治観、世界情勢や日本の国情、政友会と憲政会の違いなどについて時を忘れて雄弁を振るいました。その間、幾度となく怒濤《どとう》のように沸く拍手に、大いに励まされました。雄弁とは演者と聴衆が一体となった時に初めて実現するものです。このときの演説は聴衆の心を見事につかみ、まさに雄弁と呼ぶにふさわしいものでした。新倉が汗を拭きふき演台から立ち去ろうとすると、聴衆

は総立ちになり

「堀内万歳！」

と叫び続けました。既に会場に到着していた堀内は、1時間にわたる新倉の温かな友情あふれる演説を感無量の面持ちで聴いていました。その後演台に立った彼は

「ただ今の新倉君の名演説に、私がつけ足すことは何もありません」

と簡単に結びました。演説が終わると十数名の聴衆が控室になだれ込んできました。憲政会の先輩である笠井候補の運動員の陳情です。

「新倉が笠井ではなく、堀内にだけ投票しろと言ったのは憲政会として面白くない」

「そうか、そのように聞こえたとすれば、私の舌足らずで申し訳ない。確かに憲政会同士で争うような結果になるのは望ましくない。もう1回演台に立って申し開きをしましょう」

新倉は再び演台に駆け上がり、既に帰りかけていた聴衆は、再び腰を落ち着かせ、拍手で彼を迎えます。

「皆さん、先ほどの私の演説の中で笠井候補は心配ないから堀内候補にだけ投票してください、と受け止められたとしたら、それは私の本意ではありません。どうぞ笠井候補も当選させ、同時にこの若く優秀な堀内良平にも政界の壇上に立つ機会を与えてください。改めてよろしくお

願いいたします」

「心配するな！」

「任せておけ！」

「堀内を最高点にするぞ！」

会場は激励の声で沸き返りました。こうなると堀内陣営は新倉を放そうとしません。新倉の評判は日に日に波紋のように広がり、彼の出る演説会場はどこも超満員になりました。演説を聞いた山梨日報の早川巳之利社長は、優秀な弁士としても知られていましたが
「新倉さん、あなたの友情には感動しました。私も一緒に応援します」

と申し出、堀内のために東西奔走し協力を惜しみませんでした。

選挙運動も佳境に入ったある日、2人の農民が堀内の選挙事務所にやってきました。50票の投票券を1票1円で買ってほしいとのこと。票は候補者の誰もが喉から手が出るほど欲しいものであり、当時は二つ返事で買うのが常識でした。堀内も例外ではありませんでしたが、人一倍正義感の強い新倉は断固として反対しました。

「投票券を金で買収して当選して何の権威がある。そんなことをしなくても立派に当選させてみせるから、きっぱり断りなさい」

「そんなこと言うても一票一票集まって当選するのだから、どんな票でも舞い込んでくるものはかき集めておいた方がよいのではないだろうか」

「どうしてそんなに弱気になる。あなたが不正投票に未練を感じるようでは、当選もおぼつかなくなりますよ。選挙する側はあなたが正々堂々と闘う姿に魅力を感じて投票するのですよ。第一不正投票を当てにするのは士気に影響する。およしなさい。そんなことまでしなくても、俺が責任もって5000や1万の票は舌先三寸で集めてみせるから」

新倉はこう断言して堀内を説得し、2人の農民の申し出を丁重に断りました。

「せっかくのお話ですが断らせていただきます。もし志があるのなら堀内に投票していただきたい。村に帰ったら、どうぞ皆さんに新倉がそう言っていたと伝えてください」

有言実行。堀内良平は5万5000票を集め、見事に最高点で当選を果たしたのです。

7. 解決

1929（昭和4）年6月16日【文郎・34歳】、東京都下の各新聞に、日石、小倉、三井、三菱、ライジングサン、スタンダードの石油会社6社がガソリンを大幅値上げする、という広告が大々的に掲載されました。自動車業界にはまさに青天のへきれきです。早朝から組合本部に来ていた新倉の元に、組合幹部の兼松寿三郎が新聞を手にあたふたと飛んできました。

「新倉さん、これを見てください。大変なことになりました」

「これはいかん。一方的に値上げするとはけしからん。早速日石に電話して直接事情を聞いてみよう」

「もしもし日石ですか？　こちらは自動車組合ですが、社長さんはいらっしゃいますか？」

「社長はまだ出勤しておりませんが、どのようなご用件ですか？」

「今朝の新聞でガソリン値上げの広告を見ましたが、あれは本気なのですか？」

「もちろん本気です。6社協定の値上げですので」

「なぜ断りもなく値上げする。事前にわれわれに相談するべきではないのか！」

「私共はあなた方の組合には1滴もガソリンを売っておりません。顧客でもないのに相談する必要はないでしょう」

「何だと！　無礼なことを言うな。貴様は何者だ？」

「誰でもよいでしょう。あなたには関係ないことです」

「よしこの野郎、よく覚えておけ」

つっけんどんな応対に腹を立てた新倉はガチャリと電話を切り、そばにあった便せんをつかむと「日石膺懲《ようちょう》（征伐して懲らしめること）組合員に告ぐ！」という檄文《げきぶん》をあっという間に書き上げました。

「おい、これを大至急印刷屋に回して1万枚刷ってもらえ。できたらすぐに組合員全員に配布しろ」

彼はこう言うや否や単身で、組合の1軒おいて並びにある日石へと向かいました。新倉は早速大蔵省出身の橋本圭三郎社長に面会を申し込みましたが、出てきたのは総務課の課長でした。新倉とは初対面です。

「俺は社長に会いに来たんだ。君に用はない」

「社長はただ今不在です。社長向けの用事は私が承ることになっておりますので……」

「それじゃ君だな？　さっき電話に出てきたのは」

「いいえ、違います。先ほどのお電話は東京支社長の武田君がお受けしたと聞いております」

「じゃあ、そいつを出せ」

「ただ今おりません」

「無礼なやつだ。社長もおらぬ、武田もおらぬでは話にならん。社長が来たら言っておけ。よく聞けよ。勝手なガソリン値上げは絶対許さない。組合は1滴もガソリンを買っていないのだから相談する必要はない、と電話で言われたが、東京数万台の組合員の車は毎日ガソリンを買って走っているのだ。組合が組合員の利益を擁護するのは当たり前じゃないか。それを相談もできないとは何事だ。君たちが相談に乗らないと言うならそれでも結構。俺は組合員全員に指令して、明日からでも日石をボイコットしてみせるからそのつもりでいろ」

「そういうことは直接社長に……」

「だから俺は最初から社長に会いに来たと言っただろう。それなのに社長は不在というから君に言っただけだ。とにかく俺の言いたいのはそれだけだ。組合の有志がそう言いに来たと間違いなく伝えてくれ。わかったな」

新倉のけんまくに圧倒されてぼうぜんとしている課長を残して彼はさっさと組合に戻り、日石排斥のポスターを全組合員の車庫に張りつけるように命じました。そして間髪を入れず組合長の堀内良平の元に走り、緊急理事会の招集を要求したのです。理事会は蜂の巣をつついたような大騒ぎになりました。理事たちは口々に日石横暴を非難し、即刻日石とスタンダードの膺懲不買が決議されました。この2社が値上げを先導していると判断したためです。

決議

今回、日本石油会社並びにスタンダード会社を盟主として協定発表せられたるガソリン値上げは、業界の実情を無視し、何ら根拠のない極めて不当なるたるを認め、役員会の決議をもって絶対反対を声明しその膺懲を期す。

東京自動車事業組合

東京自動車業組合の理事たちはこの決議文を持って6社を訪れました。日石では事の重大さに気づいたのか、前回とは打って変わって極めて丁重に応対し、社長はじめ重役全員との面会がかないました。値上げの理由を明らかにせよ、と迫った組合側に対し、日石は世界的な産油制限と対外為替の暴落のためやむを得ないと応酬し、日石だけではなく6社の合意によるものだと防戦。歩み寄りの気配もなく交渉は決裂し、組合は闘争態勢のさらなる強化を図りました。

この間新倉は事態の真相を突き止めようと、軍や官に足を運びました。その結果、バックに膨大なアメリカ資本が(*3)トラスト値上げであると気づいたのです。石油値上げ問題は業界のみならず世間の注目を集め、業界紙や一般紙の紙面を連日のようににぎわせ、新倉も自己の分析と意見を発表しました。この騒ぎに動揺したのはアメリカ大使館でした。自由の国アメリカはトラストを嫌います。その最も嫌いなトラストが日本の石油市場に君臨して話題になっているのですから、大使館としては見過ごせません。6社もまた値上げに対する批判が全国的に拡大するのを恐れ、実施を予定していた値上げを当面凍結していました。

一連の騒動を見かね、ついに商工会議所の大山斐瑳磨副会頭が調停に乗り出しました。まず会社と組合双方に2日間の休暇を与え、その間現状のまま待機するように要請し、両者から意見を聞きました。その結果「今回の値上げは撤回。今後の価格変更は各社が自由に行う」というわゆる大山調停を提案し、双方了承するに至りました。こうして1カ月に及んだガソリン値上げ問題は解決し、組合は闘争体制を解き勝利の喜びに沸いたのです。

＊3 トラスト
独占的大企業または独占的大企業を形成する企業合同のこと。1879年にスタンダード石油トラストが結成され、約40社の石油会社の議決権は株式が少数の受託者へ委託された。これにより受託者は石油会社の役員選任を統一的に行えるようになり、石油製品の販売価格の統制、供給数量の制限などにつき独占的支配を行った。

8. 家庭

文郎は28歳で4歳年下の浜田キヌと結婚しました。キヌは何度かの流産の末、1930（昭和5）年【文郎・35歳】に長男尚文を出産。激動のさなか、結婚7年目にして恵まれたわが子の誕生は、夫婦にとって何よりの喜びであり、掌中の珠のように大切に育てていきます。とはいえ、日常仕事に忙殺されている夫に代わり、育児の大半はキヌに託されていました。

キヌは若い頃から、明朗で優しく芯が強い女性でした。結婚後、文郎は教師から実業家へと転身し、それに伴って変化していく生活環境の中で、しっかり家庭を守り夫を支えていきます。子育ても甘やかすばかりではなく、時には叱られて泣きじゃくる息子を庭に放り出すこともありました。

家庭での夫婦の共通の趣味といえばマージャンで、仕事のない週末には友人やきょうだいなどを招いてにぎやかに卓を囲みます。新倉きょうだいは長男の文郎を中心に仲がよく、弟や妹が呼ばれることもしばしばありました。そんな時、文郎は一緒についてきた幼いめいやおいに、突然入れ歯を外して見せ、子どもたちが目を丸くして驚く様子に大笑いしたものでした。子どもたちは何度目でも大騒ぎし、文郎もそれが見たくて毎回同じことを繰り返すのです。自分を奮い立たせるための特効薬としての笑いではなく、何の屈託もない無邪気な笑いは、疲れた心を癒やし、何よりのエネルギーとなったことでしょう。

マージャンを楽しむ習慣は2代目の尚文にも受け継がれ、毎年1月2日には会社の役員たちを招いてマージャン大会が催され、和室からは朝から晩までパイを混ぜる音やにぎやかな笑い声が聞こえてきたものでした。

キヌは平日には時々グループ会社の奥様方や文郎の弟の嫁たちを集めて、マージャンをすることもありました。楽しみのために無尽（互いの掛け金で金銭を融通すること。毎月決まった金額を出し合い、定期的に一人ずつそれを使用できる）も行い、仕切り役は決まってキヌでした。妻としての内助の功だったのかもしれません。また折々に茶会を催し、風情豊かな庭をめで、客人をもてなしました。

キヌはいつも着物姿で背筋をぴんと伸ばし、毅然としていました。文郎の活躍に伴い、あいさつや陳情に訪れる客も日に日に増していきます。殊に盆暮れには訪問客が後を絶たず、その時期になると玄関先にどっしりと鎮座して采配を振るい、笑みを絶やさず、失礼のないよう気を配りながら一人ひとりてきぱきとさばいていきました。また女の子がいなかったためか、幼いめいを殊の外かわいがり、文郎が出張の時には家に招き、昔話を聞かせながら一緒の布団で休んだりする優しい一面もありました。

文郎の競馬好きは有名な話です。父親が馬好きだった影響で幼い頃から親しみ、教師になってから馬で通勤したのは前述の通りです。その後弟が海外から輸入したのがサンゲツという名馬で、それをきっかけに競馬にも興味を持つようになりました。文郎は何頭かの馬主になり、ダイワ号、ニューダイワ、ダイワヒカリなどの名前をつけ、ひとつの厩舎5頭すべての馬主だったこともありました。馬はうそをつかないから、と言って無条件に愛し、世界的な競走馬として有名なサラブレッドのレースに懸けるストイックさには人間も学ぶべきものがある、と目を細めていました。晩年は三叉神経痛に悩まされていましたが、自分の馬が走るのを見ると痛みも日頃の苦労も忘れる、と言ってレースに没頭しました。週末になると競馬場に足を運び、厩舎で馬と触れ合ったり、レースを観賞したりするのは至福のひと時だったのでしょう。

それと同時に単なる娯楽ではない側面もありました。当時の競馬場は正装して赴く社交場でもあり、中山競馬場の最上階にあった万歳館という貴賓室には、厳重な警備をへてごく限られた人だけが入室を許されていました。そこでは藤山愛一郎氏など政財界、実業界を代表するそうそうたる面々が集まり、さまざまな案件について忌憚《きたん》ない意見を交換していたのです。競馬を楽しむとともに、時には重鎮たちとの絆を深める場であったのかもしれません。

他に好きだったことにボクシングがあります。ある時ボクシング協会のコミッショナーと知り合い親しくなった縁で、試合を見に行くようになりました。元来闘争心が強く負けず嫌いだった文郎のことですから、競馬もボクシングも、闘う姿を見るのは血沸き肉躍り、さらに勝利の瞬間は高揚し歓喜に包まれたに違いありません。当時のチャンピオンの白井義男さんからいただいたグラブで作ったミニチュアのグラブは、現在も社長が使用している車に飾られています。

一方読書家でもあり、若い頃は徳富蘆花の「自然と人生」を愛読していました。また「思峰」の俳号を持ち、俳句をたしなむ一面もありました。

後年尚文が結婚、キヌは姑の務めとして嫁の昌子をきちんとしつけようとしました。聡明で謙虚な昌子も一生懸命努力しましたが、時には身に重く感じてしょげることもあり、そんな時にいつも優しく慰めてくれたのは文郎でした。

住まいは両国から吉祥寺、荻窪と移り住み、浅草の海鮮問屋の別荘だった荻窪の家がついのすみかになりました。

父の俳句（新倉尚文著「月々の記」より）

小さい頃から自分の部屋で一人で寝る習慣だったから、その冬の日に限ってどうして父の隣りに寝ていたのかわからない。どうやらその日は日曜日で、自分の部屋で目覚めた私が、珍しく朝寝をしている父の寝室を襲い、隣りの床にもぐりこんで寒い朝のひと時をぐずぐず過ごしていたということらしい。階下では母が女中相手に食事の支度をしている気配だ。トントントンと葱を切るらしい音が聞こえている。うまそうな匂いもしてきた。そのとき

味噌汁の葱の匂ひや冬の朝

という句を父が口ずさんだ。これも不確かな記憶なのだが、どうもそのとき床の中で小学校の国語で習った俳句の話も父から聞いていたような気がする。その時初めて知ったのだが、父は鎌倉師範の学生の頃から俳句を作っていたようだ。一時は句会などにもよく出て、なかなか熱心だったらしい。俳号を思峰という。当時は学生の間で俳句が盛んで、ホトトギスなどの俳句の雑誌がよく読まれていたらしい。父の兄弟をみても、すぐ下の公司叔父が紅史、一人おいて下の薬専に言った英夫叔父がたしか白汀子という俳号で盛んに句会をやっていたと聞く。

師範の教程には今でもそうだが、教生と言って小学生に実際に教える教科がある。鎌倉師範では付属の小学校に行っていたが、父の受け持ちのクラスに当時由比ガ浜に住んでいた高浜虚子の長男、年男さんがいた。習字の時間のこと、当時は今と違ってつましい時代のことで、誰もが一度書いた反古《ほご》を何度も使って手習いしたものだが、その手習いをしている高浜年男の手元をふと見ると、なんとその反古、まぎれもない虚子の句稿である。虚子と言えばホトトギスの主宰者、俳諧の大御所である。

父が「それは……」と聞いたら、「いくらでもあるよ」という答えだった。きっと虚子が句作に耽って書き散らした句稿を、手習い用にと息子に与えたものに違いない。あるいはもしかすると黙って持ちだしたのかもしれない。虚子の自筆なら反古と言っても大変な値打ちものだ。

「あの時あれを貰っておけばよかった。頼んだらもっと持ってきてくれたかもしれない。惜しいことをした」

と父は笑っていた。
その後、父の俳句については詳しく聞くこともなく、その作品についても私は多くは知らない。前に出た「味噌汁の……」の句にしても、はたしてあの冬の朝に作ったものか、あるいは若い頃に作ったものを口ずさんだものかもわからない。この句が佳いかどうかも私にはわからないが、今でも寒い朝を迎える頃になると、子どもの頃の思い出と共に懐かしく甦ってくる私のかけがえのない一句である。他にも季は違うが父の句。

夕立のあとがポプラアの月夜かな
赤蜻蛉《あかとんぼ》湖心に雲を抜き連なる
病葉《わくらば》や雷《らい》遠く遠く鳴る

9. 激闘

1931（昭和6）年【文郎・37歳】、満州事変が勃発した頃、東京ではハイヤーも含め約9500台のタクシーが稼働していました。赤字補塡《ほてん》に苦慮していた若槻内閣は、ガソリン税の創設を思いつき、これに刺激された東京市もガソリン税の徴収計画を立て、商工省（現在の経済産業省）も輸入関税の引き上げを検討し始めました。情報を耳にした自動車業界はまたしても激震し、たちまちガソリン税反対運動を起こします。

新倉は諸団体に呼びかけ、旗を翻し、反対のシュプレヒコールを上げて閣議中の首相官邸を包囲しました。空からは飛行機を使ってビラをまき、街角には反対闘争の看板を立て、あらゆる手段を使って国民を扇動したのです。これには日頃犬猿の仲である石油業者も参加し、その勢いは日に日に増し猛烈を極めました。

政府は激化する反対運動に驚き、値上げ計画を小刻みに変更していきましたが、渦中の12月12日、内閣不一致を理由に若槻内閣は解散に至りました。これに代わった犬養内閣は組閣と同時にガソリン税創設の中止を発表したため、この闘争は序盤で自動車業界側が勝利を収めました。

しかし安堵したのもつかの間、金の輸出再禁止の実施により、対米為替が暴落し石油の輸入が高騰、これを理由にスタンダード社を中心に石油会社はガロン3銭の値上げを発表、第2次ガソリン争議を引き起こしたのです。これに対し自動車業界は黙っているはずはなく、不買同盟をつくって抵抗し、6社の個別撃破を試みました。しかし驚いたことにこの運動が全国的に広がろうとしていた時、何を思ったかリーダー役のスタンダード社が6社協定を破って突如ガロン5銭の値下げを断行したため、石油側の陣営は総崩れとなり、またしても自動車業界側に軍配が上がりました。とはいえ石油業者はあっさり引き下がったわけではなく、虎視眈々《たんたん》と値上げの機会を狙っていたのです。不気味な沈黙のうちにも水面下での抗争は続き、乱れきった石油市場は一触即発の状態でした。1932（昭和7）年5月15日には五・一五事件(＊4)が起き、世相は混乱のさなかにありました。そして8月25日、ガロン10銭の大幅値上げの発表を機に、ついに第3次ガソリン争議の火ぶたが切って落とされました。

タクシーは無制限の増車と乱立競争のため、全国の自動車数は9万4737台と膨れ上がり、灯油を混ぜた安価なカクテル油を買ってようやく営業を続けているありさまでした。ガロン33銭だった当時、43銭への値上げは死活問題にほかなりません。

東京自動車業組合連合会では早速会議を開き、闘争委員長には満場一致で新倉文郎が選出され、またもや先頭に立って闘いの場に臨むことになりました。まず今回の首謀者は英国の貝印ライジング社と見て不買同盟を結成し、ライジング社からたたくことを決定。発表した檄文《げきぶん》を四方八方に飛ばし、車という車には不買ステッカーを貼り、運転手の胸には不買バッジが輝きました。しかし相手も手ごわく容易には屈しません。過去2回の苦い経験から、脱落や裏切りを防ぐ方策として保証金を積み立てて結束を固めます。さらに商工省も国際石油擁護の立場から値上げを支持していたため、交渉は難航しました。

新倉は何とか敵陣を打破しようと自ら筆をとって檄文を書き、ポスターを携え東西奔走しました。

檄

一、六社はついにその仮面をかなぐり捨てた。恐るべき毒牙を露出した。即ち最初から平均三割の出荷停止を敢行し、品不足による不当釣上げを断行している。

二、ガソリンは自動車の糧食だ。自動車は一般市民の足である。生計必需品経済化の為に寸刻も欠くべからざる立役者である。六社は遂にその糧食を絶った。我等の自動車は路上至る所に立ち往生するであろう。

三、唯、会社の利益の為に卑劣極まる手段を以って、不法値上げを強行する会社の内容は追って暴露する。

四、我等自動車業者はあくまで五百万市民の味方である。都下十万人の自動車関係者は、路上に餓死するとも、不当に料金や運賃を釣上げすることは出来ぬ。

五、ガソリンの品攻めという、残忍非道な悪辣手段によって、一時間でも路上に立ち往生させられる我々の苦しみは、徹頭徹尾肝に銘じて忘るる能はざる聖代の一大奇怪事だ。百年不断の不買同盟を結ぶ覚悟が必要だ。

六、返す返すもこの不法圧迫に屈するな。敢然起こって不法を懲膺するは、建国以来の日本の魂だ。燃え上がる正義の巨火は、必ず非違を焼き尽くさねばすまぬ。

昭和7年（1932年）9月1日

ある時新倉は、石油政策の中枢である商工省鉱政課を訪れました。半ば公然と石油会社を応援し、ガソリン値上げにも積極的にかかわっていると直感したからです。偶然課長は同姓で、期せずして新倉同士が火花を散らす論戦になりました。自動車業界側の新倉が、大資本を守るために100万の自動車業者とその家族を見殺しにする気かと語気を荒立てれば、鉱政課の新倉は、国の燃料政策の一環のためやむを得ないと応戦し、両者一歩も譲らぬままいつ果てるともなく議論が続きます。とうとう耐えられなくなった新倉は

「君とは同じ名字だから祖先はきっと同じだと思う。その子孫が一方は国民のために闘い、一方は外国資本を擁護する政策を強行するとは何と皮肉なことだろう。貴様のような役人はこうしてくれるから、あとで頭を冷やしてじっくり考えろ」

と言うなり課長の机を力いっぱいひっくり返し、後ろも見ずにさっさと帰ってきました。

9月5日、本所公会堂でガソリン値上げ反対の業者大会が開かれました。数千名に上る出席

者が悲痛な決意を胸に次々に壇上に立ち、6社打倒と商工省弾劾を叫び、場内は興奮のるつぼと化しています。その中を最後に新倉が静かに現れ、決議文と声明書を朗々と読み上げました。

決議

一、我等は今次六社協定によるガソリン値上げに絶対反対し、不買同盟を以ってこれが壊滅を期す。

一、商工省が販売数量協定に参与し、出荷制限を黙認し、市価の不法釣上げに利便を与え、国民大衆並びに我等業者の苦痛を無視して、寧ろ外国会社に不当利益を獲せしめたるは、非国民態度の甚だしきものなり、よって断固としてこれが膺懲を期す。

一、これより毎月五日を以ってガソリン記念日と定め、将来百年の闘争を誓う。

確固たる決意を表明した文書は、万雷の拍手とともに承認され、大会終了後委員たちはその足で商工省へと向かいました。しかし商工省は微動だにしません。ガソリン争議はますます激しさを増し、徐々に地方にも広がり、大阪、京都、名古屋などの都市も不買同盟に参加するようになりました。その勢いを借り、9月14日には東京で全国関係団体代表会議が催され、東京同様に新倉の決議と実行案は満場異議なく承認されました。

＊4 五・一五事件
1932（昭和7）年5月15日に、武装した海軍の青年将校たちが総理大臣官邸に乱入し、犬養毅内閣総理大臣を殺害した反乱事件。

10. 奇襲

1932（昭和7）年9月25日【文郎・38歳】早朝、東京はまだ眠りから覚めず、秋風が川面を揺らし、新聞配達や牛乳屋が路地から路地へと走っていきます。

朝霧の中、数台の黒塗りの車が築地方面に向かい、午前8時、京橋区木挽町の商工省の前にぴったり横づけされました。役人たちはまだ登庁していません。車は後から後からやってきて、やがて通路を埋め尽くしてしまいました。ひとりの男が車の屋根にひらりと上り、こぶしを振り上げて商工省弾劾の演説を始めました。わっという気勢が上がります。車はとどまることなく押し寄せ、商工省をぐるりと取り囲みました。ガソリン値上げ反対の闘争委員会が奇襲攻撃を仕掛けたのです。ふと自動車の海の中からざわめきが起き、新倉委員長を先頭に組合代表数名が車から降りてきました。全員口をきりりと結び、目を血走らせ確固たる決意がその表情からうかがえます。彼らは嵐のような声援に送られて、商工省の中に消えていきました。

東京中から集まってきた車はついに昭和通りをも埋め尽くし、京橋から銀座、新橋、築地魚市場の辺りまであふれました。その数およそ１８００台。そのためすべての交通機関が遮断されました。驚いた警察庁は早速築地警察署に非常警戒を命じ、寮で休んでいた非番の者にまで緊急招集をかけ、所長自ら陣頭に立ち総力を上げて鎮圧に努めましたが、業者の勢いは増す一方で手の施しようもありません。この日の夕刊は一斉に「円タクのゼネスト」「自動車業者がついに商工省を包囲す」などの見出しをつけ、この事件を大々的に報じました。

９月27日には東京の業者２０００名に全国各地の代表者約２００名が加わり、上野公園の自治会館で全国大会が開かれ、警察は２０００名を動員して厳重な警戒網を敷きました。こうしてガソリン争議は、国家的に重大な問題になってきたのです。この日発表された決議には、自動車事業を業者自身で自発的に統制しようという意欲が初めて明示され、闘争を成功に導くには全国的なゼネストしか手段がない、という固い決意が示されていました。

決議

一、我等全日本の自動車業者一致の決意により、徹頭徹尾ガソリン値上げを粉砕し、更に自動車事業の統制が、我石油産業統制の根本義たる所以を明らかにし、以って業界百年の計を樹立せんことを期す。
一、右最終手段として、全国的休車を断行し、死力を尽くして目的の貫徹に邁進せんことを誓う。

抗争が激化する一方で、石油側は団結を強化し、石油の出荷を極端に制限して自動車業界側を窮地に追い込み、自動車業界側はこれを粉砕すべく一斉休車を断行しようと準備を怠りませんでした。険悪な空気の中で、石油側は日石総務課の課長を中心に業界の新聞記者を買収して自動車業界側の極秘情報を集め、切り崩しを図りました。これに対し自動車業界側は、秘密本部をつくりアジトを転々と変え、新聞記者はもちろん一般業者も近づけないよう細心の注意を払い、業者の裏切りも一斉休車で防ごうと努めました。このように混沌《こんとん》とした厳しい状況にあっても、新倉文郎委員長の信念はみじんも揺らぐことはありませんでした。風が強ければ強いほど、彼の闘志は増していったのです。

11. 希望

新倉にはひとつの希望がありました。暗闇を照らす一条の光、それは松方正義公爵の子息、松方幸次郎がソビエト連邦（現在のロシア）の石油の輸入を画策し、ひそかにソ連入りしていることでした。実は争議が始まる少し前の1932（昭和7）年5月【文郎・37歳】、新倉はこの件で松方から相談を持ち掛けられていたのです。彼は良質で低価格な石油なら喜んで協力すると快諾し、2人は意気投合して早速交渉内容について具体的に話し合いました。松方が極秘でソ連大使館の通商部と折衝を始めたところ、ソ連側も非常に乗り気で話は順調に進み、本契約を結ぶためにソ連に向かったのは、第3次ガソリン争議開始2日後の8月27日でした。

ソ連は松方を国賓待遇で歓待し、9月25日には予想以上の好条件で正式の契約に調印することができました。モスクワから発信されたニュースはあっという間に全世界に伝わり、英米の石油会社をがくぜんとさせましたが、日本の石油業界の衝撃はそれ以上でした。第3次ガソリン争議の決議を目前にして、彼らはぼうぜん自失しました。反対に喜んだのは自動車業界で、このニュースは天からの声にも似て、心強い援軍であり願ってもない朗報でした。唯一の問題は入ってくる時期でした。

こうして第3次ガソリン争議は次第に国際的な問題になっていきました。10月7日午前、契約を終えた松方幸次郎を乗せた天草丸が、静かに敦賀湾に入港、埠頭《ふとう》はヒーローの帰還の瞬間を捉えようと新聞記者やカメラマンでごった返しています。その中に自動車業界を代表し新倉の姿もあり、固い握手を交わす両者の目に感無量の涙が光りました。

息つく間もなく、松方と新倉は翌8日には列車で神戸に向かいました。車内では新聞社の目を避け、口を利くことができません。うっかり敵方に情報が漏れてしまうと、作戦が絵に描いた餅になってしまう危険性があり、慎重を期さねばならなかったからです。とはいえ翌日懇談する時間や場所を打ち合わせねばならず、新倉は次第に落ち着かなくなってきました。

列車が京都を過ぎた頃、松方は洗面所に向かいました。今だ！　新倉は時間を見計らって立ち上がり、2人は洗面所で偶然のように落ち合います。松方は網棚に小さな紙をハンカチと一緒に載せました。新倉が目を走らせると、「明日1時、神戸十五銀行地下室」とだけ書かれています。懇談の詳細が判明。2人はまた素知らぬ顔で座席に戻りました。

新倉は、堂島の商工会議所内にあるガソリン値上げ反対関西連盟本部を訪れて協議を行うため、途中大阪で下車しました。しかしここにも、新倉が現れるであろうと予測した特高（特別高等警察。旧警察制度で思想関係を担当した警察官）の姿がありました。ガソリン争議が最高潮に達し、いつ全国的に休車指令が出るかわからない状況に加え、ソ連油の問題が絡み、両者がますます紛糾する中、警察は全国に特高の指令を発し、新倉の一挙手一投足に目を光らせていたのです。

新倉と大阪の幹部たちは別々に事務所を出ると、途中で何度もタクシーを乗り換えてぐるぐると大阪の街を回り、ようやく長堀の太一という料亭にたどり着きました。この奥座敷で関東と関西の最終的な争議対策の打ち合わせが行われる予定でした。

ですが既に特高が玄関先を見張っています。料亭には幸というなかなか気の利いた女中がいて、これに気づきすぐに知らせに来ました。どうしたものかと案じていると、幸はにっこり笑って言いました。

「大丈夫、私にお任せください」

警察は料亭の前の家のひさしの陰や電柱の後ろなどに隠れ、玄関先に並べてある靴だけに気を取られています。幸は新倉に庭草履を履かせて裏口から喫茶部へと案内し、そこで冷たいコーヒーを勧めました。数分後、戻ってきた幸に手招きされ、新倉が外の暗がりに出てみると

1台のタクシーが横づけされていました。幸は新倉の袖を引いて一緒に車に乗り込み、フルスピードで宝塚温泉に走らせます。

「ここなら大丈夫。お靴は後で届けますわ」

幸はそう言うと、またにっこり笑って帰っていきました。結局会議は延期されましたが、幸の機転に救われて難を逃れることができたのです。新倉はその後ろ姿を、いつまでも感謝のまなざしで見送りました。

彼は宝塚温泉旅館の3階に泊まり、床に寝そべって翌日松方に提出するガソリン争議の報告書に目を通していました。夜の12時過ぎのこと、廊下にただならぬ足音が聞こえ、新倉は反射的に報告書を布団の下に隠します。突然がらりとふすまが開き、警官が2人入ってきました。

「臨検です。失礼ですが荷物を調べさせてください」

「持ち物はこれだけだが」

新倉は起き上がると不機嫌そうにかばんを差し出し、警官は中を調べながら不審の目を向けました。

「ほほう、随分大金ですね」

ガソリン争議の委員長として、いつどこでどんなことがあるかわからないので、彼は常にかなりの金を用意していたのです。

「大金かどうかは知らないが、別に君たちからとがめられるような金ではない。何なら本署でもどこへでも行きますよ」

彼はいつものように高飛車に出ました。

「いや、結構です。大変失礼しました」

若い警官は一礼して帰っていきました。翌朝早く目覚めた彼は、前夜の臨検は東京の大森で起きた銀行強盗事件に関するものだったと聞き、ほっと胸をなで下ろしました。

宿を出た新倉はまたもや何度も車を乗り換え、約束の時間までに神戸の十五銀行にたどり着きました。地下室で行われた松方と2人だけの秘密会議は延々5時間。新倉はガソリン争議の経過を報告し、現状と将来の見通しについて率直に意見を述べました。一方松方は、ソ連との交渉について逐一説明。当初ソ連側と若干の食い違いがあったものの、最終的には交渉成立、ソ連政府から協定内容をすべて松方の希望通りに訂正した、という電報を受け取った様子を語った時には感極まり涙しました。話はさらに自動車業界が必要とするガソリンの消費量、ソ連からの購入方法や時期、油の質、価格など具体的な内容に及びました。

会談を無事終え、翌日の打ち合わせをして外に出ると、神戸の街には既に夕闇が迫っていました。新倉はまたもやあちらこちらに車を飛ばし、延期になっていた大阪の業者との会談のため、二葉という料亭に到着しました。するとまだ汗も拭き終えないうちに、女中が慌てた様子で飛んできました。

「新倉さんとおっしゃいますか？　新聞記者の方が、先ほどからご面会にいらっしゃっています」

これには新倉も意表を突かれ、驚いて外をのぞくと、新聞社の旗を立てた車がでんと横づけになっているではありませんか。こうなっては観念するしかなく、とにかく中に入ってもらうことにしました。それは大阪毎日新聞社の記者でした。

「私がここに来るとどうしてわかったのですか？」

と尋ねると
「新倉さん、こちらは商売ですよ。僕たちは本社からの厳命で、ずっとあなたの後ばかり追っていたのです。あなたは今や、われわれにとっては内閣総理大臣より大切なお客さまですから」

そう言って愉快そうに笑いました。

大阪での予定をすべて済ませ、新倉は松方とともに神戸から夜行列車で帰京。翌朝の東京駅は大変な騒ぎでした。１０００台ほどの円タクが駅前広場も丸ビル前も埋め尽くし、和田倉門、日比谷、大手町、日本橋の方まであふれていたのです。駅に降り立った松方は、不思議そうに新倉に尋ねました。

「一体あれは何だ？」

「あれは全部、あなたを歓迎するために集まった円タクです」

思わぬ歓待に胸がいっぱいになり、松方の目頭に涙がにじみます。彼が駅前に現れると、群衆は熱狂して叫びました。

「松方万歳！　救世主万歳！」

その声はいつ果てるともなく続き、天に届き地を揺るがしました。

一方この熱烈な歓迎ぶりを知った石油側はますます焦り始め、官憲の擁護を後ろ盾にして、ソ連からガソリンが入ってくる前に自分たちを少しでも有利な立場に導かせようと、あらゆる手段を講じて争議の切り崩しに奔走しました。闘争本部としても、もはや一日延ばしにしてはおけない緊迫した状況です。

12. 収束

1932（昭和7）年10月13日【文郎・38歳】の夜、新倉が四谷の秘密本部の地下で入浴しながら今後の策を練っていると、飛田野武彦があたふたと駆け込んできて泣き叫ぶように告げました。

「新倉さん、ここかぎつけられた。新聞記者が来ています」

その途端に新倉は冷水を浴びたようになり、にわかに心を決めたのです。

「よしわかった。すぐに紙と鉛筆を持ってこい」

そして、彼が急いで持ってきた紙に

「指令――15日午前零時を期し、一斉休車すべし」

と書いて渡しました。これを見た飛田野は、小躍りして三菱21号館の本部へと飛んでいきました。ついに矢が放たれたのです。

本部はたちまち騒然となりました。待ちに待った決戦の時、居合わせた誰の顔にも喜びと緊張が浮かびます。幹部たちはかねてから周到に練っていた計画通り、西に東に走り回り準備に忙殺されました。とにかく2日後の15日の午前零時に東京はもちろん、関東一円の自動車5万台をぴたりと止めるのです。これはただならぬ社会問題を引き起こすに違いありません。しかしこれを決行しなければ商工省も石油側も反省はしてくれまい。まさに背水の陣。批判も拘束も覚悟の上、新倉の決意は固くまったく揺らぎませんでした。

問題は地方から入ってくる車をどうするか、ということでした。ささいなことからでも失敗したら、争議にも破れてしまうかもしれません。新倉は細心の注意を払った末、顔が広く関東一円を取り仕切っていた男に相談を持ち掛けました。彼は新倉の話を聞くと協力と応援を快諾し、たちまち600人ほどの仲間を集めました。新倉は彼らを京浜国道、千葉、奥州、中山、甲州、青梅それぞれの街道の要所に配置し、出入りする車を強制停車させ、もし指令に従わない車があったらひっくり返してしまうように命じました。ただし、運転手など人には絶対手を下さないように厳命することも忘れませんでした。準備完了。嵐の前の本部は、言葉を交わす者もいず、不気味なほど静かで殺気に満ちていました。

情報を聞きつけ仰天したのは警視庁。これは国家の治安上、断じて見過ごすことのできない重大問題です。藤沼正平警視総監は14日の午後、新倉委員長と柳田組合長を総監室に招致し、強制調停に乗り出しました。拘束を覚悟していた新倉は、後のことを残留幹部に託し、羽織姿で威厳を正して出頭しました。

「あなた方がいくら頑張っても、車はそうやすやすとは止まりませんよ」

総監は高をくくっていましたが、新倉はきっぱりと断言します。

「いいえ、1台も走らせません」

午後8時頃、8割は止まるという情報が入り、警視庁はにわかに右往左往し始めました。

藤沼総監も、さすがに不安の色を隠せなくなり、商工大臣や内務大臣と連絡を取りながら、

「ガソリン値上げについては、自分が中に入ってあなた方に有利になるように解決するから、とにかく休車指令だけは撤回するように」

と強要しました。しかし新倉は首を縦には振らず、

「既に準備も完了し、指令も出した後であるから、いまさら取り消すわけにはいかない」

と、総監の懇願を頑としてはねつけました。

「あくまでも休車を断行すると言うなら、治安上君たち幹部800名を総検束する」

「やれるものならやってみろ。人間を拘束しても車は動かないぞ」

新倉は不敵の笑みを浮かべて言い放ちました。時計の針は刻々と進んでいきます。総監は今にも泣き出しそうな顔になり、

「新倉君、今夜僕は何時間かかってもあなたと話し合って何とか解決したい。どうだろう。ガ

ソリン値上げ率を2銭引き、さらにもう1銭引かせるから、この辺で考慮してはくれないだろうか」

と嘆願するような態度に変わってきました。新倉は答えます。

「ガソリンの1銭2銭が問題なのではありません。1銭2銭のことで、死ぬか生きるかの苦しみをなめなければならない今日の自動車業界の状態が問題なのです。なぜだと思いますか？それは警視庁が営業車を乱許乱免しているからです。需要に対して供給が増えすぎているから、今回のことでもいきり立って死に物狂いの闘争をせざるを得なくなってしまったのです。この責任は警察にあると思うがどうでしょう。もし総監が根本的な原因を排除し、今後自動車営業の免許を制限するという意思をはっきり示してくれるのであれば、休車指令の撤回を考慮してもよいと思いますが……」

総監はしばらくの間沈黙し、まじまじと新倉の顔を見つめていました。それから側近の部長たちと相談した末、休車の中止を条件に、とうとう営業制限の可能性を認めたのです。

「よろしい、新倉君。今後営業車両の許可を抑制しよう。だからどうか、休車を撤回して争議を解決してくれ。この通りだ、頼む」

闘争心満々の新倉は苦渋の決断を迫られました。強制調停とあっては潔く服さねばなりません。実施決定に至るまでの仲間たちの思いを痛いほど知っていた多感な彼は、この選択に男泣きに泣きました。そしてこれを承諾したのです。

そうしている間にも休車決行の時刻が容赦なく迫ってきます。一刻も早く手を打たねばなりません。両者は直ちに商工省の岩切政務大臣と日石の橋本圭三郎社長を呼び、第3次ガソリン争議の収束に向け、解決覚書を作成し交換しました。

解決覚書

一、昭和四年の覚書の解釈に関し、双方その意見を異にするは甚だ遺憾とするところなり。

二、六社は常に市中販売ガソリンの品質数量の正確を期し、これが完全なる実現に関し最善の努力を払うべし。

三、現在の値段は尚原価に達せざるを以って、この上これを値上げする如きは、遺憾ながら堪え得ざるところなり。但し目下考慮中の値上げについては、自動車業者と共存共栄の関係に鑑み即時実行はこれを延期す。尚本月中は一ガロンに付き二銭の割戻をなす。

四、値段の変更に際し、官庁並びに消費者に予告をなす。

昭和7年10月14日

壁の時計は夜の10時を指していました。柳田と新倉は警視庁を出ると、まっすぐ三菱21号館の組合本部に向かいます。途中に通過した敵の牙城である日比谷の三信ビルは、昼間のようにこうこうと電灯が輝いていました。

本部に到着するとすぐに役員会を開き、解決条項を報告するや否や、会場はたちまち殺気立ち大混乱になりました。寝耳に水、急転直下の変更ですから無理もありません。これを聞いた組合員たちも一斉に騒ぎ出しました。新倉の説得も柳田の慰めも彼らの耳には届かず、怒号と罵声が飛び交います。

「新倉が何だ、柳田が何だ、やつらは石油側に買収されたんだ。こんな腰抜け幹部に構わず、われわれは断固として一斉休車を断行しよう!」

興奮は留まることを知らず、最高潮に達し

「新倉と柳田をやっつけてしまえ!」

という声まで上がりました。

争議が起きて以来100日余り、新倉は家庭にもまったく帰らず、文字通り寝食を忘れ粉骨砕身、闘いの日々を送っていました。その結果がこのありさまです。連日の演説で喉はかすれ、目は血走り、蓄積した疲労と心労はもはや限界を超えていました。

「諸君、まだ勝敗はついていない。本当の闘いはこれからだ。諸君が松方油をどれだけ支持するかによって争議の決着がつくのだ。どうか冷静になってください。車両制限の見通しもついた……」

彼はあらんかぎりの力を振り絞って叫びましたが、激高している組合員たちに届こうはずもありません。怒濤《どとう》のように押し寄せてきた人波にもまれ、新倉はとうとう気を失ってしまいました。気がつくと東京市庁前の広場に来ていました。満天の星の輝きが目に入り、チカチカと痛みます。何人かの警察が心配そうにのぞき込んでいます。

「新倉さん、大丈夫ですか？　総監の命令であなたを保護しに来ましたが、危ないところでした。あの混乱の中から、やっとここまで救い出すことができたのです」

「そうか、そうだったのか。そしてその後どうなりましたか？」

「柳田さんが強引に解散命令を下したようです。今頃はラジオで全国に争議打ち切りの放送をしているでしょう」

これを聞いた新倉は、うなだれて再び号泣しました。

翌朝彼は声明書を発表、事情説明などのため4日間拘留されました。その措置は、彼の身を案じた警察の采配だったのかもしれません。

「今回のガソリン争議を間一髪で救い得たことを業界のために喜ぶ。ガソリンの価格については、近い将来松方日ソ石油の出現によって一大暴落を見るであろうが、それよりもタクシーの需要調整による業界の健全化は、タクシー事業の根本策として大きな役割を果たすであろう」

その後警視庁が発表した「当分、新規免許と増車を抑制する」という決定によって、その日のうちにナンバー権（車両制限によって生まれた車のナンバーに発生する権利金）が生じ50円の相場を呼びました。

ガソリン争議に関する記事は大いに新聞をにぎわし、それに伴って新倉についても頻繁に取り上げられ、その性格は傲岸《ごうがん》不遜、妥協せず強気で押しの一手、口が達者でけんか早い、また一方では、放胆無類、付き合ってみると話がわかる、強きをくじき弱きを助ける、自社を去る従業員の次の就職先まで世話するなど面倒見がよいなど、さまざまに評価されています。

日本経済新聞には下記の記事が掲載されました。

血の気の多い性格で火の玉のような激情とがむしゃらな闘志を見せて体ごとぶつかってい

く。ところがその行動には実に冷静な理性と理知が裏付けになっている。この点を見落とすと新倉の本質はわからない。

トラックから自動車に転向し、昭和の初めの円タク時代の波に乗り、事業は発展の一途をたどったが、ガソリン値上げに反対して関東一円でストライキを企て、時の警視総監藤沼正平と堂々四つ角力を取ったのが昭和7年、38歳のとき。理路整然、その弁舌は業界随一。傲慢にして不遜とも評され、自信と押しの強さは人一倍だ。しかし彼を親分と立てる子分にはどこまでも面倒を見てやる。

新倉としてはおそらく業界のまとめ役を自任しているだろうが、喧嘩早く角があるので時々逆効果を生む。味方も多い代わりに敵も多い。

このような分析からも、自他共に業界のリーダーと認め強気で突き進む一方、自分を必要とする人には親身に接するなど、柔剛両面を持っていたことがわかります。

13. 混沌

ガソリン争議が一応決着したとはいえ、日本の石油事情はソ連油（松方油）の輸入によって混沌《こんとん》とした乱戦状態にありました。石油会社は生き残りを懸け、新たな競争相手をつぶそうと躍起になり、採算を度外視してわれ先にと値下げを行いました。こうなると大資本の会社ががぜん有利になるのは誰の目にも明らかです。日石をはじめ大会社は、業者がソ連油に走るのを阻止しようと金をばらまき、まんまとこの手に乗る者も出てくる始末。新倉を筆頭に組合幹部が声を大にしてソ連油の共同購入を訴えても覆水盆に返らず、ソ連油はついに6社に屈し、それにつれて組合側も混乱を極めました。

1933(昭和8)年4月【文郎・38歳】、埼玉県熊谷市で開催された大会に端を発して組合は分裂、柳田、新倉など組合幹部は事態の責任を取って総辞職しました。その後いくつもの組合が派閥別に出来上がり、1934(昭和9)年【文郎・40歳】には、新倉を組合長に東京自動車業連合会が結成されました。

健闘むなしくソ連油が敗北して以来、ガソリンは再び値上がりし、東京市会(1889年5月から1943年6月まで東京市に設置されていた日本の地方議会)は道路損傷負担金を自動車業界側から徴収する計画を立てたのです。このような新たな情勢に対抗するため、組合各派は度々共同闘争を余儀なくされました。日刊自動車新聞の木村正文社長は、統一を欠いた業界の状況を見かね、各派の首脳を丸の内会館に招き合同を提案しました。その後警察もこれに同意し、各派の間にその機運が高まっていきました。

こうして1935（昭和10）年3月【文郎・40歳】、丸の内の鉄道会館で各派の合同大会が盛大に開催され、結成されたのが東京自動車事業連合会です。初代会長には柳田諒三、副会長には新倉文郎はじめ5名が選任されました。後に柳田はディーラーと部品販売業に転業したため東京と全国の会長を辞任し、代わって東京の会長を新倉が、全国の会長には衆議院議員の山田清が就任し、長期間業界に君臨した柳田―新倉ラインは姿を消します。

体制ができたというものの、自動車業界には依然として次々と問題が勃発しました。なかでもまったく無秩序、無統制、無政府状態のまま放置されていたタクシー業界は台風の目となり、常にどんよりした空気の中でやり場のない憤まんが充満しているような状態でした。田舎からひょっこり出てきた青年が免許を取り、蓄えた金を頭金にして自動車を買う。そして車庫を借りて届け出れば立派な営業主になれるのです。いったん営業主になってしまえばこちらのもの。場末の3畳に間借りしていようが、カフェの女給と同居していようが一向に差し支えありません。昼間はぐうたら過ごし、夜になってから銀座裏や吉原などで酒に酔った客を相手に商売しようと、とがめる者もいません。日中上野駅や東京駅で大きな荷物を持って田舎から出てきた老人たちを乗せて道を聞き聞き走るより、夜にチップを弾む気前のいいお客を乗せて走る方がはるかに割がよいのです。彼らは次第に繁華街に集まってくるようになり、いつの間にか縄張りができ、客の奪い合いからけんかになることも珍しくありませんでした。問題を起こしても車庫に帰ってくる者は少なく、営業主である彼らの居場所を突き止めるのは骨の折れる仕事でした。

自由主義の世の中で誰はばかることもないのですが、こうした状況を世論は許さず、タクシーは何の公共性もない享楽機関で、運転手は住所不定のモーロー（決まった所属がなく、客に言いがかりをつけたりして不正に働く人力車夫）か昔の雲助（江戸時代に宿場にいてかごを担いだ住所不定の人夫、悪質の者が多かった）のようだと厳しく批判されていました。車が少ないうちはまだよかったのですが、増していく一方なのでますます競争が激化して窮地に追いやられていきます。また当初は円タクと呼ばれ、東京市内1円均一としていたものが、背に腹は代えられず、いつの間にか

「旦那、30銭でようでがすがどうでしょう？」

などと言うようになり、無秩序な値下げは防ぎようがなく、運転手同士の乱戦に拍車をかけました。その上、ガソリンが値上げされたり、道路損傷負担金を課せられたり、と次から次へ問題が起こるのですからたまったものではありません。

こうした状況にあっても、新倉は一人ひとりを丹念に指導し、団結させる努力を惜しみませんでした。いい加減な人がいる一方、真面目でこつこつ働き車を増やして会社形態に近づけていく人たちも少なからず、新たな幹部も生まれ、組合は日ごとに強化されていきました。新倉が争議終結の日に、警視総監に車両制限や営業統制を約束させたのも、その辺りの事情を十分見抜いていたからです。

ところがまた新たな問題が発生。警視庁が新免許を抑制した途端に車のナンバー権が生じ、50円ほどだった権利が次第にはね上がり、1年もたたないうちに車の値段を上回る500〜600円の呼び値が出るようになったのです。そうなると営業権を持っている人たちの中には、権利を貸してその上にあぐらをかきながら悠々とぜいたくな暮らしをする、という極めて悪質な名義貸しをする者が現れ、その数が次第に増えていきました。それにつれ、社会の弊害も増大します。法の盲点を突いた闇行為だったため、悪質な名義貸しに泣かされる運転手も多かったのですが、事故を起こした時の責任の所在も判明せず、社会の厳しい非難を浴びることになったのです。

事態を憂慮した警視庁は名義貸しの一掃を企てました。他人名義で営業を行ってきた者（名義借り人）は、名義貸し人から無償・無条件で権利を譲り受け、警視庁に請書を出し認可されれば営業を続けることができる。名義貸し人が譲渡を拒んだ場合は、名義を取り消し、名義借り人である運転手に新しく免許を与える、というのが基本方針でした。この結果、再び1台持ちの営業主が増え、1つの車庫に複数の営業主が雑居するようになりました。

一方、厳しい世論に対抗するため統制の必要が叫ばれ、東京市電気局の「タクシー統制草案」、京王電車の井上篤太郎（現在の京成電鉄の前身、京王電気軌道の事実上の創始者）による「東京市の円タク統制への提言」、市会議員の本田市郎による「円タク権利買収論」、労働総同盟（戦前の日本に存在した労働組合の全国組織）の「操車休日案」などさまざまな案が発表されました。新倉は「東京市電の整理案――円タク中心の交通機関統制案」という論文を書き、東京市の交通量と需要関係を詳細に調べ、市電、バス、円タクそれぞれが使命を十分発揮できるように調整すべきであるとしました。そして諸問題の解決のために、関係者、有識者、消費者による統制委員会の設置を提案し、さらに東京市電と円タクの救済のために、円タク4000台を減車し、その権利を東京市が買うべきだと主張しました。

これを受けて、政府も1936（昭和11）年【文郎・42歳】の閣議で、タクシーを積極的に統制するため、商工省内に自動車営業改善調査委員会を設けることを決定、会長には小川郷太郎大臣が就任し、委員には陸、海、内務、鉄道、商工の各局長クラス、警視庁の保安部長、大学教授などが名を連ね、民間代表として新倉文郎、山田清も委員に加わりました。そして綿密な調査と膨大の資料に基づいて、タクシー事業の統制、金融、共同購入、共同施設、料金の確立とメーター制の導入などが、次々と検討されていったのです。そしてこれらの実現には商工組合中央金庫法に基づく金融的援助を受ける必要があり、タクシー商業組合をつくらなければならないという結論に達し、東京自動車連合会では山田清を創立準備委員会会長に、新倉を発起人総代に立て、設立の準備を進めました。

一方警視庁は、名義借り人が営業主になる際に提出する請書を、突然何の前触れもなく破棄したのです。それと同時に1台当たりの車の床面積の拡大を命じたため、東京では約1500台の営業車が車庫から街頭に放り出されることになってしまいました。

新倉はこの唐突で無謀な決定に、はらわたが煮えくりかえりました。ようやく閣議で統制再建が審議され、営業改善の調査委員会もでき、着々と成果を上げているときに、警視庁は一体何を考えているのか。何のために抜き打ちでこのような指令を出すのか。彼は早速警視庁に向かい、吉江交通課長に面会し詰問しました。課長は答えます。

「請書は既に一定の成果を上げ、今となってはむしろ車両主と車庫主の争いの原因になっています。車両面積の拡大は、治安と火災予防のためにやむを得ないのです」

「それではなぜ業者団体であるわれわれに一言の相談もなく、この時期を選んだのか。納税者の都合は考慮しなくてもよいと言うのか」

両者眉間に青筋を浮かべて火花を散らし、激論が続きます。

「ではひとつ妥協案を出そう。とりあえずこの指令を引っ込めて、実施を2～3年先に延ばしてくれないか。その間にわれわれも準備をし、最も犠牲の少ない適当な時機を見計らって、実施が決まったら知らせてほしいのだが。それが政治というものだ。どうだろう、それまで待てぬか」

「待てぬ！　警察に向かって妥協案とは何事だ！　警察の面目にかけても、いったん出した命令を引っ込めることはできない！」

「何をこの野郎！　貴様は警察は誰のための役所だと思っていやがる！」

新倉はいきり立ってそこにあった灰皿を手に取り、吉江課長目がけて思い切り投げつけました。課長は辛うじて身をかわしましたが、机の端にあった呼び鈴に手をついたため、非常ベルが交通課全体に響き渡り、14、15人の警官がどかどかと駆けつけてきました。

「課長、大丈夫ですか？　この男が何かしたのですね？　検束しましょうか？」

「何を言ってやがる！　冗談じゃない！　縛るのはそっちの方だ！」

新倉は吉江課長を指さしました。

「貴様らにサーベルを与えているなんて、まったく愚か者に刃物とはこのことだ」

新倉は捨てぜりふを残し、度肝を抜かれあぜんとしている警官たちをおいて、課長室から出ていきました。それから長い廊下を悠然と歩いていましたが、誰ひとり追いかけてくる者はいませんでした。

この年2月に起こった二・二六事件(＊5)は、東京を震撼《しんかん》させ、国民に大きな動揺を与えました。

＊5 二・二六事件

1936(昭和11)年2月26日に、皇道派の影響を受けた陸軍青年将校らが起こしたクーデター未遂事件。首相官邸などを襲い、陸軍省、警視庁などを占拠し、高橋是清大蔵大臣、渡辺錠太郎教育総監などを暗殺した。

秋

（昭和12年〜昭和30年）

1. 復帰

新倉はその後、この請書問題と車庫問題のために組合を引責辞任し、鎌倉で悠々自適に暮らしていました。組合は後任会長の山田清の手に委ねられ、着々と商業組合への衣替えを進めています。そんなある日、山田会長の使いが新倉を訪ねてきました。

「再びあなたに活躍してもらわねばならない時がやってまいりました。現在、商業組合への準備の第一段階はほとんど終了し、最後の仕上げに入っています。そこで新倉さんに発起人代表になっていただきたくて、お願いに伺った次第です。これは組合員全員の総意です。新しい組合を育成していける人物は、あなた以外にはいません。どうか一日も早く上京して、私たちに力をお貸しください。折り入ってのお願いです」

実に心のこもった丁重なあいさつを受け、熱意に動かされた新倉は再び上京を決意します。そして古巣に戻った彼は依頼通り発起人代表になり、八面六臂《ろっぴ》の活躍をしたのです。

まずしなければならないのは、融資を受ける立場として、東京の業者の3分の2を組合員として獲得することでしたが、これは至難の業でした。運転手は昼夜の区別なくあちこち走り回り、しかも住所不定の者も少なくありません。それを何とか探し出して新組合加入を促し、出資金を募らなければならないのです。幹部たちは果敢にこの難業に取り組み、四方八方に飛び回って説得に努めました。この地道で不断の努力が実を結び、東京の業者7400名のうち6000名の加入に成功。1937（昭和12）年2月15日【文郎・42歳】、東京有数の大組合、東京タクシー商業組合は産声を上げ、丸の内の商工奨励館の講堂で華々しく結成大会を開催することになりました。

その2日前、商工省から設立許可証を受け取りに来るように連絡を受け、新倉が行ってみると次官から局長、課長、少佐までがずらりと並んで彼を待ち受けていました。ひとりがおもむろに口を開きます。

「設立は許可するが、理事長は誰にするのですか？」

「それは大会で選任することになっていますが」

「それでは困ります。このような大組合の理事長は、事前に内定して万端漏れないようにしておく必要があります」

「ほう、理事長は発起人代表の新倉ではいけないのか？」

新倉はにやりと皮肉な笑みを浮かべて言いました。途端に白けきった空気が流れます。局長は顔面蒼白《そうはく》しながらも、きっぱり言いきりました。

「君で悪いというわけではないが、君では商工省としては面倒を見ることはできません」

実は前年に中野区の商業組合創立を巡って、商工省の吉野次官と大げんかをしたのが尾を引いていたのです。許可するのしないのとはっきりしない次官の態度に腹を立てた新倉は

「大体商業組合を作れ作れと奨励したのは君たちじゃないか。それを許可を渋るとは何事だ！」

と言っていきなり立ち上がり、吉野次官の机を握り拳で強打しました。当の新倉には大ごとではなかったのですが、次官の方はたまらず、この一件のしこりはいまだ商工省の中に根深く残っていたのです。

結成大会を目前に控えたこの日も、新倉は笑いながら帰ってきましたが、商工省の面々は直後に組合幹部を呼び出し、商工省としては新倉のような乱暴者を理事長にしては困ると訴え、新倉以外の人選を急いでするよう促しました。そして候補としてエンパイアの柳田諒三を挙げました。

組合の幹部たちは、今更新倉を引っ込めるわけにはいかない、彼は一時組合を退いてはいた

が、組合の総意で新理事長に迎えるために、礼を尽くして出馬を要請したのだ。柳田もよいが、彼は今は業者ではない。業者でない者を理事長にするのは組合が納得しないだろう、と言って商工省の提案をはねつけました。しかし柳田を推す商工省の意思は固く、意見が分かれたまま幹部たちは組合に引き上げ、状況を伝えました。これを聞いた山田会長は、怒りで身を震わせ、あふれる涙をこらえることができません。

「俺たちが君を呼び戻したのが、こんなことになるとは……。官僚は横暴だ。余りにも横暴すぎる。民意を尊重しない官僚の独善は、やがて国を滅ぼすだろう。柳田がなんだ。彼は外国自動車の販売店主ではないか。そんな業者でない者まで引っ張り出して、組合の総意で迎えた君を排撃するなんて、官僚は血迷っているとしか思えない。これまで寝食を共にして、血みどろの闘いを続けてきた君をないがしろにするのを俺は到底許せない」

新倉はおえつを漏らす山田の肩をぽんぽんたたいて慰めました。

「よしよし、わかった。山田君、もう泣かないでくれ。ここは僕に一任してもらおう。柳田さんは今は業者でなくても、元々われわれの大先輩で、人格力量とも備えた人物だ。万事うまくやるから、とにかく任せてくれ」

いよいよ結成大会の日、新倉は推されて議長席に就き、万事順調に議事を進行させていきます。大詰めの理事専任の場面、新倉はぐっと身を乗り出して会場をぐるりと見渡しました。

「当組合の理事長には、諸君の意思を十分に考慮して、関係各庁との折衝などあらゆる面から見て最適な人物を、この際私からご推薦申し上げたいと思いますがご一任願えますか？」

拍手に続き、異議なしという声が方々からかかります。

「ありがとうございます。それでは私にご一任いただけたものとして、東京タクシー商業組合の理事長には、われわれの先輩である柳田諒三氏を私からご推薦申し上げます。何卒万雷の拍手をもってご承認願います」

拍手は起こったものの、おやっという気抜けした空気会場に流れました。間髪を入れず、新倉は柳田を手招きしました。

「ご一任いただいた以上、異議は許されません。柳田さんどうぞ」

2. 統制

その後支那事変が進むにつれて、諸外国から石油やゴム、スズなど必要物資の買い付けが困難になってきました。ガソリンに対する消費規制も進み、ハイヤー・タクシーには30％の節約が実施され、木炭、亜炭、まきなどによる代用燃料の研究や開発も積極的に行われました。こうしてタクシー業界も本格的に統制の時代に入っていきます。営業資格も制限され、会社なら5台、個人でも3台以上の車と車庫を所有することが義務づけられました。さらに駐車場の設定、流し禁止区域の拡大、深夜営業の禁止、メーター制の強制実施など、タクシーの統制強化は矢継ぎ早に実施されていきます。ガソリンの一滴は血の一滴といわれて配給制に切り替えられ、小規模の営業は困難になり、迅速な統合を迫られるようになりました。

1938（昭和13）年4月【文郎・43歳】、国家総動員法が発令され、人も物もすべてが臨戦態勢に切り替えられました。時勢の流れを察知し、いち早く小企業の自主合同の必要性を痛感した新倉は、それを業界に提言します。そして11月深川の白河町に、かねてより念願だった理想的な相互会社を吉村金吉、谷謙助など数名の同志たちと創立しました。これは多田清が大阪に設立した大阪相互の方針に学び、従業員全員に株を持たせ、利潤を公平に分配する相互組織の会社です。こうして誕生した東京相互タクシーは、東京のタクシー会社の指標となったのです。

1939（昭和14）年【文郎・45歳】にはタイヤ・チューブなども切符による割当制度になりました。新倉は自主統制を急ぎ、健全で明朗なタクシー経営を目指し、タクシー事業研究会を設立して啓蒙運動に努めます。この会は「タクシークラブ」という月刊誌も発行し、順調に機能しました。この年戦時企業統合令によって、同業12社で中野相互自動車を設立、東京では地下鉄系の東京合同タクシー、東急電鉄系の東京タクシー、京成電鉄系の帝都タクシーなどが、100台ほどで統合を果たしました。

1940（昭和15）年3月【文郎・45歳】、政府は運輸（現在の国土交通省）・商工・内務の三局長の連名で、東京のタクシー界の統合を指示してきました。合併か買収、現物出資のいずれかの方法で最小限度30台の企業体に統合すべし、これを果たした企業にのみ営業を許可する、という内容で、これが第1次統制です。これに拍車をかけるように陸運統制令と自動車交通事業法が改正公布され、タクシーは初めて免許事業になり、自動車運送事業はいよいよ戦時体制に入りました。

8月にはアメリカの対日石油輸出制限の声明があり、9月には日独伊の3国軍事同盟が成立。政府は第2次統合を実施し、まだ統合を行っていなかった業者に対し、ガソリンの配給停止という強制措置を示して統合の期限を10月までと迫り、保有車両の最小限を100台と限定しました。これによりタクシー業者の統合は急速に進み、5760社あった業者が173社の合同会社に集約され、1台持ちの業者は一掃されました。

一方時局は日を追うごとに悪化して英米との戦いが避けられない状況になり、タクシーなどの商業組合は事業組合に改組して、警視庁から運輸省の監督下に入ることになりました。ある日新倉は、運輸省の川井健太郎陸運第一課長に呼ばれました。川井は事業組合への移行について一通り話し終えると、急に態度をあらためて奥歯に物が挟まったように切り出しました。

「時に新倉君、今度の事業組合の理事長になるべき人物は、相当大物でなければならないよ」

新倉は大物であろうが小物であろうが組合員が決めればいいじゃないか、と言いたいのをなんとか我慢し

「そういうものですかね」

と皮肉交じりのせりふを残して組合に戻ってきました。組合内でも大物とは何ぞやと盛んに議論がなされ、その基準を探ったところ、どうやら名刺一枚で大臣にでも次官にでも自由に会え、電話で連絡できる人、手腕力量とも従来の幹部を上回り金融の道にも明るい人、経済界にも知れ渡っている人、という結論に達しました。後日再度面会した際、川井は声をひそめて

「われわれが考えているのは、京成電車の社長、後藤圀彦だ」

と告げ、すかさず協力を要請しました。しかし新倉は了承せず

「俺は俺自身に野心のないことを証明するために、組合幹部としての辞表を預けておこう」

と前置きし、白紙にさらさらと書いたものに印鑑を押して、課長の机の上にポンと置きました。

「いいか、よく聞けよ。京成電車でも帝都自動車というタクシー会社を経営しているから業者でないとは言わないが、帝都自動車を創立するとき、後藤が問題視されていたのは君も知っているはずだ。それに現にハイヤーの料金違反で起訴され、目下裁判中ではないか。その会社の社長を、事もあろうにわれわれ団体の最高責任者にしようなんて、一体何を血迷っている。後藤さんも心のある人だ。こんなことは決して引き受けられまい。断る、絶対断るに決まっている」

けんもほろろ、頭から火でも噴きそうな新倉の激しい反対に困惑した川井は、組合本部から他の幹部を呼んで説得を依頼しました。しかし彼らも新倉と同意見であるとし、川井の提案への協力を固辞。八方ふさがりになった川井は、直接組合の指導監督を行っている警視庁に選任を一任することにしました。状況を把握した警視庁の八島交通課長は業者の話に真摯に耳を傾け、この件を白紙に戻して再検討を決定したのですが、なぜか突然転任することになってしまいます。後を継いだのは、前警視庁総監の川合寿人でした。彼は事情をよく理解できず、頻繁に運輸省と連絡を取り合いました。

業界の中も意思統一ができているわけではありません。いたずらに官庁の感情を刺激してはいけない、理事長は官庁の薦める人でもよいのではないか、とひそかに運輸省や警視庁に詣でて大物主義賛成論を唱える者も現れる始末。運輸省の川井はこれを喜び、自ら課長室を組合本部に提供して、組合員一人ひとりから大物主義賛成の書類に判を押させました。その数は着々と増え彼らを満足させましたが、実情は大勢でやってきたので仕方なく押したとか、大物とは誰のことか知らなかったとか、言われるままに判を押したとか、金のかかることではないから賛成したとかいういい加減なものが圧倒的に多かったのです。そうとはまったく知らなかった川合警視庁交通課長は、運輸省の情報を信じて後藤圀彦を理事長に推すことを決定しました。

運輸省の川井の報告によると、調印した者は組合員の過半数に達し、なお続々と増え続け、反対派は新倉はじめごく少数に限られているとのこと、そこで川合は新理事長の選定問題に一日も早く結論を出すよう、組合に指示しました。早速組合は理事会を開き、現理事長の柳田諒三と川合寿人の両人に折衝を任せることに決定。激論の末、柳田は川合の自信満々な態度に押されたまま、1941（昭和16）年4月23日【文郎・46歳】、開催の準備委員と理事監事の合同会議で最終結論を下すことになったのです。会場になった日本橋の組合会議室には大勢の傍聴者も詰めかけ、空前の盛況になりました。川合課長を先頭に警察庁のお歴々が、サーベルを下げ意気揚々と入場してきます。いよいよ新理事長推薦のとき、川合課長は演説の最後に静かに告げました。

「私はこの新しい組合の理事長には、京成電車の後藤圀彦氏を最適任者として推薦します。これは私のみならず、業界諸君の大多数も賛成であると信じます」

途端に会場は騒然となり、すかさず議長！　議長！　と手を挙げる者あり。

「警視庁は独自の立場で理事長を選定するとしながら、運輸省が業者の反対にあって引っ込めた後藤圀彦を再び引っ張り出したのはどういうことだ！　業者の意向を尊重すると言ったではないか！　川合課長と柳田理事長の意見は一致したのか⁉」

弁舌鋭い反論に、壇上の川合は顔面蒼白《そうはく》になって立ち尽くしてしまいました。

「大物賛成の調印は俺もした。しかし大物とは後藤であるとは聞かなかったぞ。俺の言う大物とは新倉文郎のことだ！」

官僚は横暴だ！　引っ込め！　決を取れ！　……会場を揺るがす罵声、怒声。収拾がつかず、決を取ったところ、賛成は6名のみで、残りの皆は反対に回ったのです。この結果に川合課長は素直にかぶとを脱ぎ、自らの不行き届きをわびて警視庁へ引き上げていきました。

数日後、警視庁から磯山事業係長が新倉を訪ね、陳謝を済ませるとおもむろに言いました。

「ついては警視庁としては、後藤を諦めて他に代わりを探さなければならなくなったが、東京合同の早川徳次ではどうでしょう」

新倉はしばらく考えてから答えました。

「決して適任とは言えない。まして私とは昨年けんかして扇警察署に告訴したこともある男だが、しかし公私はおのずから別であろう。よろしい。地下鉄創設の功労者である早川徳次に花を持たせましょう」

これを聞いた磯山は晴れ晴れとした笑顔になり、足取りも軽く帰っていきました。こうして東京府旅客自動車運送事業組合が設立され、理事長には早川徳次が就任しました。

3. 追放

１９４１（昭和16）年【文郎・47歳】、太平洋戦争が始まると官僚の統制はますます厳しくなり、産業ごとにさまざまな統制会ができ、軍と官との極端な干渉を受けるようになりました。タクシー業界も例外ではなく、せっかく出来上がった交通事業法の改正もトラックを中心に再改正され、軍人の中にはタクシー不要論を唱える者まで現れました。こうした劣勢の中でも、新倉は軍と官に立ち向かってタクシー事業研究会をつくり、6大都市のタクシー連盟との連絡を密に取り、タクシーの合理的な経営方法を模索し続けました。タクシーの自主性を死守しようと努めたのです。

大阪では官僚が陸上交通調整法に基づいてバスを市営一本にまとめ上げ、その勢いでタクシーも強制的に1社に統合する計画が持ち上がりました。形勢は逼迫《ひっぱく》しタクシー業界は窮地に追いやられましたが、東京から新倉文郎、名古屋から上田伊三郎などが乗り込んでこの計画に反対し、結局車両数100台以上の会社6社にまとめることに成功します。

この結果、大阪府知事と警察部長はまもなく更迭されました。

仙台では林信夫知事が、仙台合同タクシー1社に統制しようともくろんでいました。情報を聞きつけた新倉はすぐに仙台に乗り込み、かねてより知り合いだった林と激論を交わします。新倉は戦争が激しくなるにつれガソリンの入手はますます困難になってくるから、思い切ってある程度の車を代替燃料に切り替え、代替燃料によるタクシー会社を1社認めるべきだ、と口を酸っぱくして勧めましたが、林は戦争には勝てるし、石油は南方からどんどん入ってくるから心配ご無用とばかりにこの勧告を聞き入れませんでした。こうして仙台は、仙台合同タクシー1社だけがガソリンのみに頼って経営を続けていましたが、終戦直前の爆撃によって壊滅的な打撃を受け、戦後の立ち直りも一番遅れてしまったのです。

　戦争は真珠湾からマレー沖、シンガポール、ジャワへと勝ち進み、軍人と官吏の意気は上がる一方で、政府は高度国防国家の建設を叫び、あらゆる産業を戦力化して戦争に備えようとしていました。自動車業界に関しては、1943（昭和18）年【文郎・49歳】、輸送も戦力という立場から、まずトラックの統制強化に着手し、貨物の輸送を軍と官との指示の下で行うとしました。しかし新倉はこれに猛然と反対します。トラックのことはトラック屋に任せておけ。統合が必要なら、軍や官の指示を受けるまでもなく、われわれ民間人が自由な立場でもっと上手に統合してみせる、若い軍人や官吏に何ができる、と声を上げ、日通と組んでトラックの買収や統合をどしどし進めたのです。この発言と行動が、軍と官の逆鱗《げきりん》に触れました。

　新倉にすれば元から軍や官が嫌いであるだけでなく、彼らのような素人に任せたら目標を達成しないばかりか、民間人が長年心血を注いで築き上げてきた事業が台なしにされるのではないかと危惧し、もしトラックの一角が崩されたら、やがてはバスもタクシーも同じ運命をたどり、軍と官の一色に塗りつぶされてしまうと予期し、なんとしてでも阻止しようとしたのです。

　しかし官僚はさらに追い打ちをかけてきました。

「今後すべての株式会社は、総会において役員を決定する際、警視総監の認定を必要とする条項を定款に入れなくてはならない」

「そんなばかなことがあるか、無謀も甚だしい！」

　新倉はこの指示を即座に蹴りました。しかし一連の言動についに警視庁の堪忍袋の緒が切れ「新倉は軍と官にたてつく戦争非協力者である」という烙印《らくいん》を押され、一切の公職から追放してしまったのです。それにより、彼は手塩にかけた東京相互タクシーの社長を辞任することも余儀なくされてしまいました。

4. 誕生

　心ならずも公職から離れた新倉でしたが、彼は野にいながらも立派に花咲きかぐわしい香りを放っていました。今や一介の浪人にすぎない彼の元に、その人徳を慕う業界人が、花に群がるミツバチのように集まってきます。彼はその人たちと日の丸会というクラブをつくり、毎月集まっては時局を語り、夕食を共にしながら親交を重ねていきました。

　一方戦局は次第に苛烈さを増し、政府はすべての産業を決戦体制に切り替え、厳戒令一歩手前の体制を築き上げました。タクシーも東京では１０００台統合を行い、軍と官の命令系統をさらに強化するといううわさが静かに広がっていく中、クラブの仲間は同志的な結束を固め、連判状を作って新倉の元に預けたのです。

1944（昭和19）年11月1日【文郎・50歳】、うわさは現実となり、都下のタクシー業者は警視庁の大会議室に緊急招集をかけられました。何事かとはせ参ずると、警視総監をはじめ陸軍、運輸の交通課長、警視庁の高官などがきら星のごとく並んでいます。恐れおののく業者を前にして、警視庁の池田保安部長が厳かに告げました。

「輸送力は戦力です。タクシーといえども本来の使命に基づいて必勝体制確立のために協力しなければなりません。ついては東京のタクシー4500台を4つの会社に統合します。つまり1社が1000台以上確保しなければならないということです。これは命令であり反対は許されません。気の毒ですが、戦争に勝つためには諸君は進んで秋の虫となり、死んでご奉公するつもりになってもらいたい。統合の方法は買収でも合併でも合同でもかまいません。期限は来年の1月までとします。速やかに帰ってこの命令を忠実に実行し、一日も早く大統合を完了するよう、官は諸君の協力に全幅の期待をかけています」

動揺の波が起こり、一同青くなって顔を見合わせます。1000台統合など誰にでもできることではありません。今日まで社長だった人も、資本家の下で働くことになるかもしれないのです。ですが軍と官との絶対命令です。未曽有の事態に業界はろうばいと焦燥を隠せませんでした。

しかしその中で新倉を取り巻く人々だけは警視庁から場所を移し、新倉を中心に死なばもろとも、われわれは決して買収などには乗らない、あくまでも同志的結合を行うとして固く手を握り合ったのです。報告を受けた新倉は

「よし、こうなったら仕方がない。全部俺に任せてもらおう。絶対に売るな。売ったらおしまいだぞ。俺たちはこれから一緒になって運命を共にしていくんだ。皆さんの仮契約書はここに集められているが、今改めて本契約を結びたい。皆さんそれぞれ自分の社との事情もあるだろうから、いったん社に帰って、各重役とも相談の上決めていただきたい。その結果俺と一緒になると言うなら悪いようにはせん。会社の資産評価もこれからの人事も全部俺に任せてくれ。自分の命を懸けた仕事を金に換えてはならん。俺たちは自主的に大きな企業合同でいこうではないか」

こう言って一同を励ましました。2日後には早くも950台の車両が集まり、さらに続々と来る気配です。これに勇気を得た新倉は、翌日警視庁を訪れ、交通課長に面会します。さすがの彼も、一切の公職から追放されている身だったため一抹の不安を抱えていましたが、それで

も単刀直入に今回の大統合を自分が行ってもよいかと尋ねました。交通課長はあきれたように鼻先で笑って言いました。

「別に君だって悪いわけじゃないが、もう手遅れだろう。この統合はあらかた済んでいるはずですよ。運輸省では数カ月前から京成と東急にやらせるために手を打っていたよ。お気の毒だが、もう君たちの出る幕はないだろうね」

「ああ、そうですか。とにかくこの俺でもいいんだね」

新倉は表情を変えずに念を押し、課長は
「ああ、いいよ」

と気のない返事をしてから、ふんぞり返ってまた笑いました。


1000台統合作戦に名乗りを上げたのは、東京相互を主軸とした大和系、波多野元二を中心にした国際自動車の一群、京成の帝都自動車系と東急の五島慶太をバックにした東京タクシー系、日東自動車の川鍋秋蔵などでした。

大和系は当初深川の東京相互を統合本部にしていましたが、ある時高輪タクシーと共栄自動車も大和系に身を投じてきました。今東京のタクシー業界を見回したところ、あなた方が一番堅実で優秀である、従ってわれわれも無条件で運命を共にしたい、とのこと。これでまた30台ほどの車両が増えることになりました。

やがて統合本部は深川では場所的に不便であったため、日本橋のエンパイアビルの社長室に移動します。戦争は日を追うごとに激しさを増し、社員はゲートルを巻き背中に鉄かぶとを背負い、空襲警報のサイレンが鳴るたびに避難を余儀なくされる、そのような状況の中でも統合本部は活気に満ち、着々と準備を進めていきます。さらに新潮、昭和交通も加わり、みるみるうちに19社1600台余りの大統合体になりました。

この報告に耳を疑い、驚いたのは警視庁です。彼らにとっては魔法のようにしか思えなかったのでしょう。

「おかしいな。既に多くの会社が帝都の後藤圀彦に買収されているはずだが……何かの間違いではないのか」

と信じようとしないのですが、これは紛れもない事実です。

その頃、千住相互と言問タクシーの雲行きが次第におかしくなってきました。京成の帝都自動車が強引に買収をしようとしているらしいのです。帝都はこの2社を入れないと1000台統合が成立しません。新倉は工業倶楽部で後藤圀彦と会談しました。

「新倉さん、率直にお願いしますが、わたしのところは現在800台しか集まらず困り果てています。つきましてはあなたのところの言問タクシーと千住相互をなんとか私の方に譲っていただけませんか。この2社が加わればなんとか一人前の1000台の会社になれるのですが……」

「陰でこそこそ人の畑を荒らそうとするなら、こちらも徹底的に闘ってやろうと思っていました。しかしこうして今あなたに頭を下げて頼まれると、俺も気の弱い男だ。俺の方は1600台を超している。あなたの方は言問と千住を入れないとままならないのでしょう。よろしい。あの2社を譲って帝都自動車成立のお手伝いをしましょう。しかし人事はおのずと違います。あなたのところに行きたいという人はもちろん譲る。だがどうしても俺のところに来るという人は俺の方によこしてくれ。俺は車より人が大切なのだ」

五島は感激し、新倉の手を握りしめて帰っていきました。

帝国ホテルに本部を構え統合作戦を行っていた国際自動車は順調のようでした。残るは東横と日東、2社のうちいずれかが残る運命にあります。東急の五島慶太は豊富な資金を持っているにもかかわらず、統合の方はさっぱり進んでいません。川鍋も四苦八苦の状態でした。そのような矢先、大和の統合本部に五島慶太の使いで来たといって大川専務が現れました。

「うちのおやじは新倉さん、あなたには感心しております。やはり餅は餅屋だってね。うちは今度の統合をきっぱり諦めました。諦めたとなると、おやじは一番優秀なところに自分の車（東京タクシー380台）を提供したいと言っています。新倉さん、引き受けていただけませんか？　別にこれといった条件はありませんが、現東京タクシーの社長、品川主計を相談役にでもしていただければそれで結構です。他に100万円ほどの部品も調達していますし、もし統合に当たって資金が必要でしたら融資してもよいと申しております。いかがでしょう。お引き受けいただけませんか？」

天から降ってきたような結構な申し出です。しかし新倉は

「ご厚意には感謝しますが……」

と首をかしげ

「私のところは既に1300台余り集まっておりますし、それにあなたのところの380台を加えると、都下のタクシーの半分近くを独占することになります。まだできなくて困っている会社もあると聞いておりますので、一両日考えさせてもらえませんか。そのうえでご返事申し上げましょう」

そう言って大川を帰しました。この申し出を受けると、軍と官の4社構想は崩れ3社になっ

てしまいます。新倉は皆と議論し賛否両論ありましたが、今まで順調に進めてきた統合を最後にわずかな欲を出して傷つけるようなことはしたくない、断っても大和は日本一なのである、という結論に達しました。

新倉は翌々日エンパイアの柳田とともに南新宿の東横本社を訪れました。東横では篠原社長以下、重役たちが出迎えます。

「せっかくのご厚意ですが、このたびのお申し出はお断り申し上げます。先にも申し上げました通り、私のところには既に十分なほどの数がまとまっております。この上頂戴しますと、日東の川鍋君のところはできなくなるでしょう。それでは長年の同僚として心苦しいものが残ります。東横はこの際川鍋君を助けて残存会社を統合し1社を結成すべき使命があると存じます。業界のためにぜひそうしてください。それが私からの願いです」

東横の重役たちは驚いて、口ぐちに再考を促しました。

「新倉さん、これほどよい条件の話を、どうしてそうあっさり断るのですか？　こちらには何の裏もないですよ。ただうちのおやじが、タクシーは諦めたから一番優秀なあなたのところに無条件でやってしまえ、と言っているだけなのです。本当にそれだけですよ。断るなんてもったいないではないですか。どうでしょう。もう一度考え直していただけませんか？」

熱心な勧めにも固辞の意思は翻らず、新倉は柳田とともに東横の本社を後にしました。その足で警視庁に立ち寄ると、交通課長が血相を変えて怒っています。

「新倉君、君はひどいじゃないか。1300台でも足りなくて、今度は東京タクシーを合併しようとしているというのは本当か？　あまり無理をしちゃいかんぞ」

新倉は憤然として言い返しました。

「冗談じゃない。俺がそんな欲張りな男に見えるか？　俺がなぜ帝都自動車に220台もの車両を譲って帝都の成立を助けたのか、あなたにはわからないのですか？　確かに東京タクシーから無条件の申し込みはあったよ。それをたった今断ってきたばかりだ。あなたたちこそ何をぐずぐずしている。警察も一刻も早く川鍋君が統合できるように力を貸すべきじゃないか。しかし合併しても1000台にはなるまい。どうしても1000台でなければならないと言うなら、俺の方から100台や150台くらい分けてやろう。ただし人間はやらんぞ」

これを聞いた担当課長は大きな目をさらに見開いて押し黙りました。新倉のおとこ気にすっかり感服した課長とは、これ以来深い信頼関係で結ばれることになりました。

こうして1945（昭和20）年1月28日【文郎・50歳】、戦時下の東京に、統合会社第1号として大和自動車交通が1300台で発足しました。翌日帝都自動車が1050台で発足、東横の子会社東京タクシーは、９００台になっていた日本交通の前身、日東自動車に統合しました。国際自動車交通は3月25日に１０５０台でスタート、こうして「大日本帝国」と呼ばれる大手4社が誕生したのです。

この統合について、当時の業界紙、商工評論では以下のように記しています。

新倉文郎が事業上で大きな真価を発揮した最初は、いわゆる戦時の四社統合の時である。当時、熱血漢の彼は権力に阿諛することを極端に嫌い、時の軍部、官僚と衝突して公職から追放されていたが、統合では真っ先に最高台数による合併体制を築いて大和自動車を設立するという水際立った機敏な行動を行い、新倉の盛名をいよいよ高らしめたものだ。

5. 終　戦

新倉を社長とする大和自動車交通（昭和14年に中野相互自動車として創業。商号を大和自動車に変更）は、同業16社を吸収合併し日本橋の白木屋の4階に本社をおいて出発しました。大和という名称は姓名学を参考に、17の会社が上下の分け隔てなく団結していこうという精神の元につけられたものです。

この頃から空襲が本格化し、頑丈な白木屋を幾度となく揺るがし、3月9日の夜、B-29の大編隊が強風に乗って下町を襲撃、東京の半分近くは焼け野原になってしまいました。この空襲で大和自動車は本社の白木屋のみならず、発祥の地である深川営業所（旧東京相互）も、合併の母体である中野相互も全焼、所有台数の多くを焼失しました。

翌朝中野の宮園自動車には、新倉や幹部たち、また空襲で焼け出された従業員たちが三々五々集まってきました。なかにはひどいやけどを負って包帯を巻いていた人たちもいました。誰かが運んできた豚1頭で料理したかつ丼が全員に振る舞われ、新倉は戦災者一人ひとりに労苦をねぎらい見舞金を渡しました。そして全員を前にし、

「本社と2カ所の重要な営業所は灰じんに帰した。空襲はまだ続き、残された営業所も次々に失うかもしれない。しかし一人でも生き残っている限り、この事業を守っていかなければならない。大和の名が示すように一致団結して最後の血潮の一滴までタクシー業の再建にささげよう」

と力強く激励しました。

差し当たり本社の移転先が問題になり、とりあえず代々木西原の整備工場に同居することに決まりました。都心から離れて交通の便は悪くなりますが、延焼の心配が少なかったからです。

小さな事務所の2階に社長室兼重役室と営業本部、1階に総務部、経理部、車両部などを置き、雑然としてはいましたが、とにもかくにも再出発を果たすことができました。

しかし4月13日の大空襲で、大和はさらに板橋、早稲田、足立方面の営業所を失います。空襲は昼となく夜となく日ごとに激しさを増し、家を焼かれた戦争被災者が路頭に迷い、食べ物も泊まる所もなくなっていきます。会社では緊急に炊き出しをしたりして救済にあたりましたが、その数は増える一方でした。昼は運転をし、夜は車中に寝泊まりする者や、焼けた車の中に布団を入れて臨時の寝床にする者なども現れ、夜になると会社の机の上も高級な寝台と化しました。

こうなると日一日と減っていくタクシーも貴重な存在になり、街を流している車など1台もなく、すべて公官庁、軍需工場、報道機関などの専用車として配属させられました。どんなに傷んでいようが、車というものは一般庶民には高根の花だったのです。

いよいよ一億総決起の本土決戦が迫り、大和本社にも陸軍中将が訪れ懇々と祖国防衛の訓示を行いました。大本営が天皇陛下とともに長野県松代に疎開し、最後の決戦場は長野の高原になり、タクシーなども重要な連絡機関として長野に集合するなどというわさも、まことしやかに流れてきました。じりじりと敗色が濃厚になり、7月26日には降伏を勧告するポツダム宣言が発表され、8月6日には広島、9日には長崎に原爆が投下され、壊滅的な被害を受けます。さらにソ連が対日参戦、満州、樺太に怒濤《どとう》のように侵入。戦争は300万の軍隊を海外に残したまま、200の都市を焼き、3000万の被災者を出して、1945（昭和20）年8月15日【文郎・51歳】に終わりました。

大和はこの戦争により、28棟の建物を焼失。合併当時の車両の保有台数1883台、584台は企業整備令によって倉庫に入れてあったので、実際に動いていたのは1299台。その63％を失い、事業の規模は半分以下になってしまいました。

この日の午後、大和自動車の幹部たちは代々木の本社前の広場に集まり、頭を垂れて玉音放送を待っていました。やがて炎天下に置かれた古びたラジオから天皇陛下のかすれた声が切れ切れに聞こえてきました。国民は戦争が全面的な敗北で終わったことを知り、ぼうぜん自失し、あちらこちらからすすり泣きが起こります。敗北は心を暗くしましたが、日々の緊張と生命の危機から解放された安堵感は、人々の心の底に早くもかすかな光となって動き始めました。新倉は目を赤く泣き腫らしながらも演説を試みます。

「皆さん、戦争は終わりました。古い日本は滅びましたが、この惨憺《さんたん》たる焦土の中からやがて新しい日本が興るでしょう。戦争に敗れても山河は残る。春になれば荒廃した国土の上にも花が咲き、鳥が歌うに違いありません。われわれ戦争に生き残った者は、この敗れた国土をこよなく愛し、新日本の建設のために全力を集結しなければなりません。

幸い大和自動車はその名の通り、大家族主義の会社であり、われわれに一人の落伍者もあってはなりません。われわれはお互いに助け合い力を出しきってこの敗北を乗り越え、新しい日本創設に参加しようではありませんか」

この演説は幹部たちに深い感銘を与えました。

9月になると米軍8000名が代々木の練兵所跡のワシントンハイツに駐留し、にぎやかな歌声が、毎晩のように本社にも聞こえてくるようになりました。戦後の混乱が少し落ち着いてくると、復員軍人たちがどっと帰還してきます。会社は祖国のために命懸けで闘ってきた人々を温かく迎え入れました。でも車もないのに人ばかり増えても仕方ありません。そこで手の空いている社員を総動員して東京中を走り回り、焼けた車を拾い集め、使えそうな部品を組み合わせ、まことにおかしな車を次々に組み立てていきました。そんな車でも当時は走りさえすれば貴重な存在だったので、至る所で歓迎されたのです。

復興に向けて一歩一歩進むにつれ、代々木の本社では手狭になり、あちらこちら探した末、銀座一丁目に銀一ビルというよい物件を見つけました。戦災を受けてはいましたが、12室はその気になれば使用可能で、何よりビルの前に車を30台ほど止められそうな管理地があるのが魅力だったのです。会社はビルの修復の完成を待たず、11月1日に移転しました。

当時の銀座はまだネオンもなく、戦争の傷跡深く半壊のビルが果てしなく立ち並んでいましたが、道路の両側は次第に露天商や闇商人が開いた店でにぎわうようになりました。一丁目から八丁目までのメインストリートや三原橋から数寄屋橋方面の大通りの中央には、帯状の畑ができ、ねぎやトマト、なす、きゅうりが植えられています。会社の前を流れている川は、軍需工場が仕事を休止したために水がきれいになり、フナやコイなどが群れをなして泳いでいました。この川も戦災の後始末のため、土砂やコンクリートなどで埋められていきました。

マッカーサー元帥の到来に古い日本は音を立てて崩れだし、労働階級が胎動し始め、至る所に組合が結成され、赤旗と労働歌が日本全土を覆うようになってきました。大和では社長が「これからは君たち社員の意見も聞きながら経営する時代で、労働法も制定された現在、君たちで労働組合をつくるのがよいと思う」

と自ら社員たちに労働組合をつくるように勧めました。労働者の権利と利益を尊重しなくては、新しい社会も事業もできないと確信したからです。

こうして1946（昭和21）年【文郎・52歳】、戦前戦後を通じ、タクシー業界として最初にして最大の大和自動車交通労働組合が結成されたのです。結成を記念して京橋公会堂で華々しく開催された大会は熱気に満ち、その盛況ぶりに何事かと近隣の人々も目を見張ったほどでした。自動車は代替燃料であれ一般大衆には縁のなかった時代に、100台もの車が集合したのですから驚いたのも無理はありません。その後、帝都自動車、日本交通、国際自動車にも相次いででき、同年4月1日にはこの4労組で東京旅客自動車労働組合同盟（東京同盟）を結成しました。

新倉は一切干渉せず、組合は自由奔放な活動を展開しました。5月1日には戦後初めての大規模なメーデーが皇居前広場を埋め尽くして開かれ、参加者は50万人ともいわれています。参謀本部は大和労組に置かれ、大和の執行委員長が事務局長になりました。それに続く5月17日の食糧メーデーも同様で、戦後の労働組合運動にひとつの足跡を残しました。大和労組には社会党、共産党両党の指導者をはじめ名だたる東京の労組の幹部たちが集まり、新聞記者たちも絶えず出入りしていました。

一方新倉は戦後の日本自動車業界の再建のために奮闘、まず官僚色の強かった旅客自動車運送事業組合を解体して東京乗用自動車協会と全国乗用自動車協会を創立し、自ら会長に就任して縦横無尽に怪腕を奮います。さらに製造から販売、部品、車体、タイヤなど輸送と自動車に関するあらゆる団体を統合して自動車会議所を起こし、事務所を大和自動車の3階に置いて復興に尽力しました。この会議所は1946（昭和21）年【文郎・52歳】に正式に認可されます。また相次ぐタイヤや車両の値上げに対抗して運輸、貨物、乗合、自家用車、ハイヤー・タクシーの輸送5団体をまとめて、全国自動車輸送団体中央協議会を結成し、委員長として指揮を執りました。

タクシー業界には再び黄金時代が到来し、新倉は業界きっての大御所になったのです。さらに彼は全従業員に株を持たせ、相互組織の理想を復活させました。また戦時統制が解除されタクシーの新免許が許可されると、重役や諸課長級を積極的に独立させ、車の欲しい者には車を、金の欲しい者には経済的な面倒まで見て、それぞれを一国一城の主に仕上げていきました。独立を申し出た社員に、新倉は言いました。

「よかろう。戦争のために一緒になった会社なのだから、戦争も終わり平和が訪れた現在、皆さんがそれぞれ独立するのは当然だと思う。私もできる限りのお手伝いをしよう。ただタクシー界は今までもそうであったように、これからも決して順風に帆を上げて進むようなことばかりではない。時には思いがけない暴風雨に見舞われて船が難破しないとも限らない。その時の用意に、母船だけはいつもしっかりしていなければならないと思う。皆さんには免許基準である車両10台と、皆さんが保有していた土地を帳簿価格で分け与えよう。それで免許を申請してくれ。申請期間中は、大和のナンバーで大和の営業車として車を走らせてもよい。免許が下りたら一日も早く立派なタクシー会社として育て上げてほしい。私も物心両面からお手伝いしたい。ただ大和自動車は、皆さんの基幹としてあくまでも残す。これもまた皆さん以上に強大に育て上げなければなるまい。この点深い理解をもってご協力願いたい」

彼はこうして誰かれ分け隔てなく、希望さえあれば一運転手の独立の世話まで見てあげたのです。

一時大和は大阪全体のタクシーの数ほどを1社で保有し、タクシー会社としては世界一の規模を誇っていました。しかし新倉にとってそういうことは何ら価値のあることではなく、頓着もしません。彼の信念は一貫して「事業は人である」ということだったのです。

彼は折あるごとに、大和の資本は2000名の社員であり、これこそが生命であり宝であると力説していました。そしてその言葉通り、たとえ過ちを犯して会社を辞めていく人にも心を寄せ、食べるに困らないように手助けしていたのです。

一方社員の健康への配慮も怠らず、揮毫《きごう》の依頼があれば「まず健康」と書いていました。それは社員の家族にも及び、子どもが病気になったことを耳にすると、申し出る前に入院費などを用意し、母親が胃を悪くしたと知ると、漢方薬屋の住所を調べ地図まで添えて渡し、その後の様子も気にかけて尋ねるほどでした。

またある時援助の依頼を受けた新倉は無担保で3000万円を用立てました。その後その会社は立ち直り、謝礼にと300万円の小切手を持って社長があいさつに来た時のこと、新倉は「受け取る理由はないがそれでは君の好意を無視することになるから一応預からしてもらおう」と金庫に納めました。その年の12月に急に来てくれと電話があって駆けつけると、金庫から手つかずの小切手を取り出し
「暮れには社員のボーナスなどもいるだろう。これは君から預かったものだが、もう返す時が来たようだ」

と固辞する社長に無理やり渡して帰らせました。

さらに当時評価額8億円といわれていた京都のバス会社をわずか100万円であっさり知人に譲ったこともあり、その並外れた気前のよさは業界の人々を驚かせました。

このようなエピソードはたくさんあり、新倉の人柄の一端がうかがえます。

大和自動車という樹は天高くそびえたつ古木ですが、毎年まかれる種子は年々成長を遂げ、周囲にうっそうとした森林を形成していきます。大和は保有台数からいえば日本一ではないかもしれませんが、大家族として長年生み育てた子孫の数では、依然として世界一のスケールといえるでしょう。新倉文郎は数多くの子どもや孫たちに囲まれ、どの従業員からもおやじと慕われていたのです。

新倉の業界での風評について書かれた記事が、後に人物新潮に掲載されました。

日本のタクシー界では氏のことを神様と呼んでいる。神様などと褒められるとくすぐったい感じがしないでもあるまい。世間ではいろいろな褒め言葉もあるが、神様などと言われる人物はそうざらにあるものではない。頭がよいとか腕がよいとか言っても、人間として価値を決定する要素とはならない。やはり人徳というやつだ。

神様などと言われても雲上人ではないのでから、つんと澄ましてお高くとまっているわけでは勿論ない。実によく働き、行動的な活力が充満している人である。しかし決して自分のためばかりではなく、人のため社会のためという信念のもとに生き抜いてきたのだ。

いま全国に無数のタクシー会社があるが、東京だけを例にとっても氏の息のかかった会社が30近くあり、全国だと50以上あるという。これをもってしても、氏がどんな人物かおよそ見当がつこうというものだ。人間の面倒は最後まで実によくみる。その挙句裏切られたことも再三あるが、決して人を恨んだりしない。底知れぬ包容力の持ち主である。

新倉は震災直後に日本の復興に尽力したいという思いに突き動かされて交通業界に足を踏み入れて以来、その思いは終生変わることはありませんでした。地位や名誉、また人からの評価にはほとんど無関心と言ってよいほど頓着しなかったことは、この記事からも伝わってきます。

6.上場

1947（昭和22）年5月15日【文郎・52歳】に内務省が解体、そのため自動車の運輸行政は地方庁から運輸省の管轄下に入りました。6月3日、GHQは年間300台限りの条件つきで小型乗用車の製造を日本に許可します。

1948（昭和23）年【文郎・54歳】と1949（昭和24）年【文郎・55歳】は業界にとっても大和にとっても多事多難な年でした。まず戦時統制令が徐々に解除され、タクシーについても従来の自動車取締令に代わり、道路運送法という自動車運送行政の基本をなす広範な法律が公布されます。この法律によって従来の鉄道局自動車事務所は廃止になり、代わりに運輸省の出先機関として道路運送管理事務所が北海道の主要都市と各都道府県に設置されました。これが後に陸運事務所になります。

さらに東京はじめ9カ所の地方鉄道局の所在地には特定道路運送管理事務所ができ、広域にわたって自動車運輸行政を行うことになりました。陸運局の前身です。道路運送法には、タクシー事業を営む者の新たな基準も設けられ、具体的にはハイヤー、タクシーの場合、1000万円以上の資本金と20台以上の車両の保有が必要になりました。ただし創立を急ぐ場合は、設立時に10台、それ以降6カ月以内に10台補充すればよいことになっていました。これを受けて社の内外からも新規免許申請者が続出しました。

このようなさなかに、大和では株式公開に踏みきります。タクシー企業が株を公開するというのは前代未聞です。これは新倉文郎の、タクシーといえども公共事業といわれている以上、いつまでも零細企業にとどまっているべきではない、いずれタクシーをひとつの基盤として、縦に横にあるいは空に陸に一貫した交通事業を営む時代が来るであろう。そのときのために株は今から公表して、大衆資本を大胆に吸収していかなければならない、という遠大な精神から断行されたことでした。また銀行の貸出ランクで最も低いランクに置かれているタクシー業界の金融信用回復も視野に入れていました。

当時、持ち株会社整理委員会に、戦時凍結されていた満州投資の持ち株が開放されることになり、一般増資を加え、大和自動車交通は1949（昭和24）年5月23日【文郎・54歳】、資本金2500万円、50万株で東京市場に上場を果たしました。

会社内部も次第に充実し、労組の提案で健康保険組合ができ、1948（昭和23）年1月1日付【文郎・53歳】で認可されました。また復員軍人などの救済を目的にした共和会、課長所長間の親睦のための交友会も発足、さらに1950（昭和25）年【文郎・56歳】には大和自動車の顧問団により、大和倶楽部という親睦団体が誕生し、諸課長たちも協和倶楽部という団体を組織しました。

創業のあと（新倉尚文著「月々の記」より）

昭和24年4月1日、東京証券取引所が再開し、株式の取引が始まる。証券会社の復活である。当社は取引所の再開とほとんど時を同じくして株式を上場した。

前社長は「タクシー・ハイヤーという事業は不特定多数の利用者を顧客とする。この事業と会社のことを利用者によく知ってもらう必要がある。そのためにも株を公開したい」と考えていた。

こうして同年5月23日、当社は株式を東京市場に上場した。当時資本金は二千五百万円であった。生保をはじめとする金融機関が安定株主となる。同じ頃から生保7社による協調融資が始まる。これが東京証券取引所に当社が株式を上場した経緯である。そのときの上場銘柄は681。その後分割されていた大企業も、おおむね戦前の形に統合され、昭和36年には資本金10億円以上の一部と二部にわかれたが当社は二部に留まった。

タクシー会社が上場したことが評判を呼んで、ある経済誌のインタビューがあった。前社長は「大和の資本は二千人の従業員です」と答えている。労組創立と言い、株式上場と言い、今に至る大和創業以来の基本理念がここにあると言える。

上場には上場基準がある。一定以上の株主と分布度。さらに年間の株式取引高などであるが、これに合致しないと上場を取り消される。議事録や社内の少数だけで総会を開いたことにする非上場の会社と違って、上場会社は商法、会社法などに決められた通りの総会や諸会議を開く。総会には社内だけでなく、大株主の金融会社や社外株主も出席する。株主権も商法通り行使され、その報告は日本経済新聞の記事として発表される。会社四季報にも掲載され、株主でない人誰でも当社の業績やその内容を知ることが出来る。当然のことながら一般紙は当社をハイタク事業の代表的会社として評価し、取材する。当社の責任は重く、どこからみても適法正確に社業を運営することが役員の当然の責任である。決算等業績については、金融機関、大株主への説明に私はじめ担当役員が出向いて説明する。証券取引所への説明も義務づけられている。まさにディスクローズ（情報開示）である。

昭和24年の株式上場以来、当社の経営はいわゆるガラス張りで運営されており、社内においても労組との諸会議において、ありのままの説明、理解を得ている。当社の従業員の皆さんには、こうした会社の運営と業界における当社の立場に自信と誇りをもって頂きたい。

株式上場とは、こうした責任を伴うものだ。業界を代表する当社は、それにふさわしい業績を上げる努力を続けていきたい。

7. 脅迫

1951（昭和26）年9月【文郎・57歳】、マッカーサー元帥はトルーマン大統領によって解任され、9月8日にはサンフランシスコで日米講和条約と日米安全保障条約が締結されました。こうして世の中は平和への道を歩み始めていましたが、東京におけるタクシー業界はまさに戦国時代に突入しようとしていたのです。

戦時統制が解かれて自由の波が押し寄せ、タクシー業界にも新規免許が認可されました。意欲のある者は先を争って独立を果たしましたが、何事も弾みがつくと行き過ぎが生じます。本来免許は、都市計画に基づいて需給のバランスと経済状況を考慮しながら慎重に取り扱うべきものであるのですが、憲法で保障された国民の自由を楯にわれもわれもと押し寄せてくる申請者を形だけの審議で片っ端から許可したため、タクシーは急激に増えて仲間同士の競争が激化することになってしまったのです。都内では1949（昭和24）年【文郎・55歳】には40社2454台だったのが、1950（昭和25）年【文郎・56歳】には134社4624台、1951（昭和26）年【文郎・57歳】には215社6934台という具合でした。昨日まで免許申請に奔走していた者が、今日は新免阻止の闘士に早変わりすることもありました。このような状況下でも、業者はわれ先にと増車申請に躍起になったのですからたまりません。タクシー業界は再び深刻な不況のどん底にたたき込まれてしまったのです。

新免業者の中には生涯をタクシーにささげようという殊勝な人々もいましたが、戦時成り金や闇屋などが買い占めた車でタクシー業を始めることも少なからず、彼らは免許漏れや車持ちの運転手を借り集め、看板だけ貸してピンハネするいわゆる名義貸しをやってのけました。戦前にも社会問題にまで発展し、一掃に苦慮した名義貸しが再び登場するようになってしまったのです。これを黙認してしまったら、以前の苦労も水の泡、モーロー雲助に逆戻りしてしまいます。新倉は声を枯らし、体を張って新免許可の厳選を叫びましたが、新免攻勢は吹きすさぶ暴風雨にも似てとどまることを知りません。苦境の中で彼は再度決心し、業界の健全明朗化を目指して、新規免許と増車の停止、名義貸しの撲滅一掃を図ろうと立ち上がったのです。

当時東京には、旧来の伝統を継承する4社を中心とした東京旅客自動車協会、新免会社中、比較的基礎の固まった東京旅客自動車協同組合、そして雑多な新免会社などが集まった東京ハイヤー・タクシー協会という3つの団体があり、新倉は東京旅客自動車協会の会長とこれら3団体協議会の会長を兼任していました。当初3団体は、新倉会長案を全面的に支持し、これこそ業界100年の安定を実現させる健全明朗策と喜び、手始めに名義貸し一掃を図り需給の調整を断行すべきであると申し合わせました。そして一致協力して、車両主を名義貸しから解放し、独立させてやろうと画策しました。

しかしこの案の検討が進むにつれ、ハイタク協会から猛烈に反対の声が湧き上がってきたのです。無理もありません。当時ハイタク協会に属していた会社は、多かれ少なかれ名義貸しを営んでいたからです。この計画が実行されれば、多くの会社は解体せざるを得なくなってしまいます。彼らは大義名分から声を大にして反対できずにいましたが、その機運は徐々に高まっていきました。

それぞれの立場で意見が対立する中、1952（昭和27）年2月20日【文郎・57歳】、東京陸運局長、川原道正が「事業健全化方策として名義貸しの整理を行う」といういわゆる川原声明を発表しました。新倉は業界30年の経験を踏まえ、名義貸し会社の擁護を断念し、働く者が団結して新しい組織をつくるべきだと提唱していました。川原声明では、これを健全策として認めたように見せかけながら、実現に苦慮することを恐れ、事なかれ主義的な提案がされていました。まず名義会社を認めて40日間の猶予を与え、その間に改心させ、名義貸し車両をすべて買収統合させようという案です。しかし名義貸しは元々役人には絶対わからない闇行為で、買収や統合といっても、直接運転手に尋ねる以外に真偽の判断のしようがありません。つまり、川原声明は言葉は柔らかく実に巧妙に書かれてはいますが、実は新倉が提唱した3団体案とは裏返しの名義貸し会社擁護であり、既得権の再認識だったのです。

これを即座に見抜いた新倉は、翌日直ちに反覆声明を発表し、矛盾点や疑問点を指摘し、鋭く追及しました。また同時に名義借り運転手の集団を鼓舞激励することも忘れませんでした。

ハイタク協会は渡りに船とばかりに全面的に川原声明を支持し、3団体案は新倉の独断であり、大会社が中小企業を吸収合併するための手段だといって非難しました。心のうちにくすぶっていた反感の火が表面化し、手の施しようのない大火になってしまったのです。当初新倉案に賛成していたハイタク協会の幹部たちも下からの突き上げに屈し、新倉の不信任を決議し辞職を勧告してきました。この勧告は、比較的健全企業体のように見られていた東京旅客自動車協同組合にも飛び火し、3団体中2団体が新倉排撃に歩調を合わせるようになったのです。これは長い間官尊民卑の思想を培われてきた日本人の習性で、陸運局長の声明である以上、これに反対して官を刺激するのは損だ、という従属性の表れといえるかもしれません。

この両声明を巡り、業界はまたもや混乱状態に陥り、新倉は協同組合、ハイタク協会からの辞職勧告を突っぱね、自ら東旅協を率いて3団体協議会を脱会します。新倉の元には毎日命を脅かすような脅迫状が舞い込んできましたが、初志を貫く思いには何の迷いもなく、常に泰然自若としていました。運転手たちは新倉を信頼し、組合の背信的行為を許さず、協同組合とハイタク協会の幹部を叱責し、川原陸運局長に声明撤回を迫りました。

新倉は彼らと組んで新たな相互会社の創設に邁進、その矢先、どういう訳か川原局長は突然辞職して京成電鉄の重役になりました。

業界が再編に至った経緯について、帝都自動車の結城儀一社長の見解が交通日日新聞に掲載されました。彼は新倉の短所も認めた上で、一連の行動を客観的に分析しその正当性を認めています。

名義貸し整理は業界明朗化は勿論、法治国民のプライドからも絶対に必要である。この意味において新倉全乗協会長は正しく、しかも事業を真に愛する者からは圧倒的信任と尊敬を得ていることを確信する。新倉氏の独善専行は平時においては彼のために惜しむべき欠点であるが、今度の場合はこの欠点が重大にして最も良き業界への貢献となっている。誰か今度のような憎まれ役を他に買って出る者がいるだろうか。彼は総会において身命を賭してやると言い切ったが、今日第二組合、第三組合から不信任を出され、ごうごうたる非難を浴びつつ毅然として業界明朗化に闘う姿は、まさに身命を捧げた姿である。

一部には彼の今度の相互会社の提案は、ナンバー制限に伴うナンバーの獲得への野心的動きであると見る人もあるそうだが、そのような批判は時代を知らぬ、何事も自分本位で考える短見者の見方で歪曲である。業界はそれほど無能者ばかりではない。新倉氏がそのような動きをすれば、誰が黙殺するであろうか。自由主義時代の資本主義社会は、戦後統合時代のそれとまったく違っている。そのような野心があればロボット社長に名義貸しをさせ、その後に処理をすれば、今度のような非難を浴びず、しかも楽に行けるではないか。こんなことに気づかぬ業者の判断が不思議だ。新倉氏の今度の動きはまったく野心からではなく、業界明朗化の一念以外の何物でもない。私は新倉氏の今度の動きに心から賛意を表し、敬虔な脱帽の気に打たれる。

この件に関しては、1955(昭和30)年4月【文郎・60歳】、時の三木武夫運輸大臣が新倉文郎全国乗用自動車協会会長、結城儀一日本乗用自動車協会会長、寿原寿一国産自動車協会会長の3名を大臣室に招き、運輸問題から需給問題などを胸襟を開いて懇談した結果、全国の陸運局長に通達し、タクシーの需要調整を図るため、ようやく新規免許と増車を抑制する行政措置を取ることを命じたのです。

8. 芝居

日本の自動車行政は、製造面は通産省、運輸面は運輸省と二分されていたため一貫性を欠き、両者がしのぎを削って争う場面もありました。戦後の乗用車問題もその一例ですが、これは通産省対運輸省というより、むしろ通産省と新倉の闘いでした。

戦時中の自動車工業は戦車とトラックに集中しており、乗用車の製造はほぼ禁止状態になっていました。戦後2年目でダットサンやトヨペットなどの製造が許可されましたが、技術の遅れは著しくとても使いものになるような代物ではなく、新倉に言わせるとおもちゃの車よりひどく危険極まりないものでした。しかしこれが当時は高値で売れ、自動車会社は高い労働賃金を払いながら高配当するというぼろもうけをし、通産省は自動車工業をこの上なく大切にし、ありとあらゆる保護と援助を惜しみませんでした。そして国民に国産車愛用を宣伝する一方、自分たちは外車を乗り回していたのです。

日本人なら国産車を使えと言われて使用を迫られていたのは、他ならぬタクシー業界です。タクシーは万人の乗用車として登場し歓迎されていましたが、戦時中に釜を背負ったぼろ車は時代の遺物として、現実には取り替えていかなくてはなりません。こうした車はハイヤー・タクシーだけで全国に5万台ほどあり、どう取り替えるかが大問題でした。通産省は国産車に切り替えれば喜ぶに違いありませんが、国産車は外車に比べ質が悪い上に高価です。そんな車を使っては国民に申し訳ありません。事故も頻発するでしょう。とはいえ外車の輸入は極めて困難な状況にあり、5万台全部を外車に依存するのは無理な話です。日本の貿易はすべて総司令部の許可が必要であり、第一外国製品を買うための外貨がありません。政府はやむを得ない生活必需品の購入に、わずかな外貨を割り当てていましたが、車のために多額の割り当てがあるはずがありません。通産省の方針で、外車の輸入は議員と官庁と報道機関に限られていました。これからしても、政府自身が国産車を信用していなかったことがうかがえます。

国情からして外車にばかり頼れませんが、だからといって国産車をこのままぬるま湯に浸らせておいてはいけない。そう思った新倉は、一世一代の大芝居を打つ決意をしたのです。当時、国産自動車の顧客の90%はタクシーでした。国産車はそれによって膨大な利益を上げ、国の保護の下にぬくぬくと肥大していました。一方タクシーは同業者の激増と車の取り換えで四苦八苦しているのです。これでよいはずがありません。

新倉は国産自動車不買ののろしを上げ、国産車が外車と肩を並べられるほど性能を上げ、かつ価格を下げない限り買わないと言い放ちました。これにはメーカーも通産省も度肝を抜かれました。彼らは国産車であろうと、飛びついて買わなければならないのがタクシーの宿命と信じ込んでいたからです。怒りと焦燥にかられたメーカーは、彼には愛国心がない、非国民であると言って攻撃を始めました。しかしそれくらいのことで屈する新倉ではありません。彼は外車輸入の割り当てを、国内最大の乗用車使用団体である全国乗用自動車協会に一括して任せろ、と運輸省に要求し、国会に働きかけ並みいる陸運議員連盟の代議士たちの前で熱弁を振るいました。

「もしも君たちにこのくらいのことができないなら、俺は君たちを諦め、今度は国民とともに君たちと闘うぞ!」

新倉の気迫は、口達者な議員たちをあぜんとさせました。

この尋常でない熱意と努力が実を結び、輸入車の割り当ては新倉が会長を務める全国乗用自動車協会という民間団体に一任されることになりました。しかし通産省はこの決定に動揺を隠せず、機械局長名で「国産乗用車の理解のために」というパンフレットを発行しました。「日本の国産乗用車は戦争のために立ち遅れになったが、2、3年で外車に見劣りしない高性能の車を製造する自信と見通しを持っている。価格もボディなどの製造過程を徐々に機械化することによって、3割程度の値下げは可能になる。日本国民は大いに国産車を愛用して、日本自動車工業の発展に寄与しなければならない」という内容でした。

これに対し、新倉は即座に「国産乗用自動車問題の真相」というパンフレットを製作して応戦し、通産省の見解を厳しく批判しました。

「国産自動車の質が悪くて高いことの一因は、通産省の保護政策に基づいている。彼らは温室の中でぬくぬくと育てられている。敗戦下の日本で国民が非常な苦しみを受けているとき、自動車工業のみ、かかる恩恵が許されるべきではない。例えば日産は性能の悪い車を売りつけながら、従業員には日本一高い賃金を払い、株主には年3割の配当を払い、資本金の3倍、年5億円の利益を現に上げているではないか。日本の自動車工業は、一度裸になって国際自動車市場の風雨にたたかれてみる必要がある。誰でも温室の中でぜいたくができるなら、性能改善の欲など湧くものではないし、価格も下げたくなかろう。

このような車を泣く泣く買って最大の犠牲と損害を払わなければならないのは、われわれタクシー業界とその乗客である。われわれはこのような性能のものをこのような値段で買うつもりはまったくない。日産にしてもトヨタにしても、一片の誠意があるならば、直ちに数十万円の値引きができるはずだ。もしも通産省が言うように、こんな車を愛国心から使わなければならないものなら、なぜわれわれに強いる前に通産省はじめ、各官庁の役人、議員たちがこれを使わぬ」

外車輸入の割り当てをタクシーに優先させたことは、特に車のメーカーに強い刺激を与え、国産車の質の向上と価格の値下げにどれほど貢献したかしれません。1952（昭和27）年【文郎・58歳】、トヨタ自動車は新倉の正論に屈して、トヨペットの市場価格を1台につき一挙25万円も値下げし、新倉はこの誠意と英断に報いるため、トヨペット50台を初めて大和自動車に入れて激励しました。ですが世間はこの購入にあぜんとし、新倉を変節者と騒ぎたてました。国産自動車の真の発展のため、芝居までして鍛え上げようとした新倉の真意を理解した者は、この時点ではほとんどいなかったのです。

しかしトヨタに続いて徐々に値下げ競争が始まり、性能も少しずつ向上していくようになりました。価格と性能の競争に自信を失って海外の自動車会社と提携し、技術を導入して立ち直りを図ろうとした会社もありましたが、トヨタは「われ一人、わが道を行く」と国産一本で頑張り通しました。

ある時トヨタ自動車の労働組合から、大会に来賓としてご臨席くださるようにと丁重な招待状を受け取った新倉は、名古屋に赴きました。

「もしトヨタの従業員諸君が、皆正宗のような気持ちになって仕事に精魂打ち込み、トヨタ自動車の経営者が、暴利をむさぼらず奉仕の精神でわれわれに車を提供したならば、日本全土が国産車一色で塗りつぶされる日もそう遠くはあるまい」

彼の演説は万雷の拍手を浴びました。

当時の陸運新聞は、新倉を比類なき存在として取り上げています。

カメラの前では必ず笑顔を見せる。いわゆる名士笑いを心得ており、舞台俳優向きの面に目立った目鼻の好男子である。

口は悪いが人は良い。役人嫌いが身上だが、課長クラス以上の役人は彼を悪く言わない、局長以上になるとほめるから皮肉だ。交通界の大人物村上儀一とは肝胆相照らす仲、政界にも顔が広い。そのくせ政治には色気がないという根っからの自動車マンだ。

業界きっての雄弁家で度胸もよく、心臓にたくましい毛の生えたボスだが、先月還暦を祝い、これから心身大いに若返ろうというファイトを失わず、しかも業界のまとめ役として一回り大きく円満な大ボスへの飛躍を期待しよう、とにかく業界にとってかけがえないない人物である。

また交通日日新聞には新倉の30年にわたる業界での活躍を総括した記事が「ハイタクを動かす男」と題して掲載されました。

ハイタク業界の新倉は何と言っても第一人者である。古沢、富田が新進気鋭であり知能にも優れまた活動力が旺盛であるとしても、新倉にかなうものではない。ハンディなしで競争することはできない。

新倉の三十数年間にわたる業界への執着と情熱は敬服に値する。彼は優れた力量を持ちながら、ひたすらハイタク専業し、業界人として終結している。人は小成に甘んじ、それが出来なければ名誉を欲し、またその業界を踏み台にして政治家たらんとする者である。新倉は多くの人が薦め、政治の両袖から勧誘があったにもかかわらず参議院にも立候補せず、余生を業界に尽くさんとしている。彼の業界への情熱を改めて汲みとることが出来ると共に、優れた人・新倉の姿が浮かび上がる。

新倉は彼が欲すれば政治家としての道も開かれている。彼の弁舌、資力、衆望をもってすれば間違いない。それにもかかわらず彼は業界人として終始している。栄達を望む人間世界にあって、こうした新倉の業界から受けた恩をまた業界に尽くすことによって返そうとする境地は偉人とするに足りる。

新倉は今年還暦を迎え令息の結婚式も終えて、親としての責任を果たした安堵感がある。一方彼の会社、大和自動車交通の社長の職も良き後継者を見つけて譲り、業界全体の立場から指導に当たらんとしているものの如くである。しかし大和自動車も彼が余りに傑出しているため、今のところ直ちに彼を継ぐ者がいない。ダークホースが現れないとも限らない。いづれにしても新倉の方針のあることである。しかし彼はいかなる場合でも役人の古手を大和の社長に据えるようなことはしないと言っている。ここに野人新倉の真面目があり、何かと言えば事大的思想の多い中で、やはり彼は偉いと感ずるのは筆者のみではあるまい。

新倉は天皇と言われ、横暴だとも言われている。大和にしても企業にしても彼の言いなりと言っても過言ではない。なるほどワンマンである。しかしこれも今のところは新倉あっての大和であり、新倉あっての全乗である。

大和が他の帝都、国際、日交の大会社と違って寄り合い世帯であり、相互会社の延長でありながら、今日四大会社のトップを行くというのも新倉の統率力である。

全乗が民間ユーザー団体として最も活発な活動をしているのも新倉があるからである。免許廃止、道路法改正の問題にしても、新倉がいたからあそこまでやれたのである。中では永山がよく働き、古沢の知能、富田の活動力をはじめ業界を挙げて動いたからであるが、彼の政治力と顔、業界のためにするという情熱があったからこそ、ユーザー五団体の中で最も活発に働き、国会、運輸省方面にハイタク業者の力を改めて認識せしめた。

新倉はワンマンと言われるだけあって傲岸であり、なかなか我を折らず自説を譲ろうとしない。しかし本当の彼は人の言を入れないほど狭量ではない。不幸にして直言する者がいなかったとみるべきである。タクシー運賃、免廃阻止と名義貸し整理の場合でも、古沢の言を入れて態度を豹変しているが、少なくとも判断を誤るようなことはしていない。

大和は唯一の上場会社である。そしてハイタクが近代的経営方式でも成り立つことを証明している。この意味からしても大和は彼の責任において、また業界のためにも発展せしめなければならない。

彼は競馬が好きであり、拳闘を好んで見る。ファイトの表れであり、闘争力の強さであろう。こうした闘争心にもかかわらず、人は彼に魅力を感じ、また慕い寄ってくる。大和から分かれた人はいつでも新倉を中心に集まっている。他の会社から分かれて一城の主になった人々は必ず社長の悪口を言う。そうしたところを比べてみても彼の徳の致すところであろう。

新倉の30年にわたる業界の対する情熱は今なお変わらない。この情熱を持って余生を捧げようとしている、筆者もまた彼が業界のために変わらず情熱を傾け尽くされんことを期待する。

冬

（昭和32年～昭和36年）

1. 捨石

長期にわたって内紛と分裂を繰り返した結果、タクシー業界は大きく割れ、全国に2つ、東京には3つの業界団体が出来上がっていました。しかし一方では、このような大きな犠牲を払いながら、わが世の春をうたうようになりました。つまり名義貸しは整理され、増車と新免は行政措置でストップがかかり、車は新車に入れ替えられ、さらに乗客へのサービスのため幾度かの値下げを行って需給のバランスを取り、業界は百花繚乱の時代を迎えたのです。

1957（昭和32）年【文郎・62歳】早春には、岸内閣によってガソリン税の大幅な増税が提案されましたが、労働組合も加えた共同闘争で幾度となく国会を取り巻き、最小限の税額に収めることができました。

しかし会社といっても名のみで、前世期的などんぶり勘定に終始している会社が多かったのも現実です。いたずらに他社との競争に没頭し、運転手をこき使って厚生施設ひとつ設けない会社もあり、こうした会社がいわゆる神風問題（神風タクシーとは命知らずで向こう見ずなことをするタクシー、大東亜戦争中の特攻隊の名による）を起こすようになったのです。これは議会でも取り上げられ、政府も積極的に改善に努めました。ですが神風批判は、ある意味ではタクシー業界にとり回生の妙薬ともいえました。批判を謙虚に受け止め、互いに自粛自戒しながら近代企業へ進化するきっかけにもなり得たからです。

1台持ちのモーロー雲助から近代企業への発展―日本のタクシー業界の歴史の根底には、一貫して新倉精神が脈々と流れています。それはタクシーある限り、消えることなく力強く続いていくでしょう。彼は全国乗用自動車協会の決議によって、幾度か参議院議員への立候補を要請されましたが、そのたびに事業こそ政治である、と言って固辞し続け、日本のタクシー業界の代表者としてアメリカに招待された時も代理を送りました。

業界の波風も収束しつつあり、平和を取り戻し理想郷が近づいてくるに従って、心に残るのは業界団体の一本化だけでした。業界の平和は活火山脈上の平和であって決して油断はできません。現にタクシー界への進出を虎視眈々《たんたん》と狙っている人たちもいます。もし新免許抑制の堤防が崩れるようなことがあれば、業界はまたもや踏み荒らされてしまうでしょう。政府もまたガソリン税の値上げを企てています。あらゆる問題に対処する方策はただひとつ、業界の大団結です。

対立団体である日乗連（日本乗用車連合会）は、新倉さえ辞めれば業界はいつでも一本化できると放言しています。彼も齢63歳。気概天を突くものであっても、体は次第に言うことを聞かなくなってきていました。前年の春、ウイルスがまぶたに入る奇病に侵されて以来、頻繁に鋭い痛みが顔に走り、会議中にけいれんを起こすこともありました。交代する時期が来たのです。新倉は思いを巡らし、業界の基盤が一応出来上がっている今、心静かに最高指導者の地位から離れる決意をしました。よろしい。俺は業界のために捨て石となり、後世に範を示しておこう。

新倉は１９５７（昭和32）年【文郎・63歳】の秋、東京旅客自動車協会会長を辞し、翌年8月18日に札幌で開かれた全乗協総会において全国乗用自動車協会会長をも辞任しました。全国から集合したタクシー界の代表約３５０名は札幌グランドホテルの会場を埋め尽くし、「タクシー業界の父」といわれた業界の偉大なる指導者新倉文郎の決別のあいさつを、涙をもって聞き無限の感動で見送りました。

2. 決別

本日ここに北海道全道の業者各位のご高配により、全乗協会並びに全国業者大会を開催致しましたところ、ご覧のとおりの盛況を見ましたことは、地元北海道協会のご熱誠に応える全国皆さまの盛り上がるご支援の結果でありまして、同時にこの空前の盛会は、会長として最後の私に寄せられる各位のご同情のたまものとして深く感謝し、かつ感激に堪えざるところでございます。

私はさる5月の全乗協役員会におきまして、全国業界の一本化のために会長を辞するとの所信を申し上げ、曲げてご承認を願うとともに、業界一本化のために各位の絶大なるご協力のほどを懇願致しました次第であります。

昨年暮れ、病気の故をもって東京旅客自動車協会の会長を辞任致しましたが、その当時既に東旅協の後任会長によってまず東京の業界の一本化を期待し、東京から全国業界の安定への模範を示すべきであると信じたのであります。続いて今春、東京および全関東地区協会大会多数のご推薦によりまして、東京陸運局自動車運送協議会委員を任命されるに及び、ますますその感を深くした次第であります。

時あたかも神風タクシー問題が勃発し、政府の交通防止対策とともにタクシー・ハイヤーに対する世論のごうごうたるものあり、挙げて交通事故防止対策がタクシー事業にしわ寄せされる様相を呈してまいりました。怒濤《どとう》のような世論の非難とこれに呼応する政治対策の動向は、タクシー業界空前の難局に逢着する憂うべき情勢となりましたことは、諸君承知の通りであります。

この時こそ東京はもちろん、全国業者一大反省と奮起一番を要求されるのでありまして、東旅協の会長選挙も避け、かつ一本化に適する会長を選任して一本化を推進する絶好の機会を捉え、もってこの難局に当たり業界百年の大計を樹立すべきであると確信したのであります。

以下東京並びに全国会長の内交渉を委託されました私は、直ちに川合警視総監と運輸省山内自動車局局長と三者会談を持ち、業界の安定こそ事故防止対策の根本義であることに意見の一致を見まして、進んで後任会長問題を話し合いましたが、業界の強力な団結のために、東京の会長は即全国協会の会長であらねばならぬことに結びつき、一本化に適する会長を見いだすべきであるとの結論をつけまして、以後運輸省の長老である村上元運輸相、早川自動車会議所会長、進んで松野参議院議長、佐藤栄作（当時自民党総務会長）および伊能繁次郎など再三再四問題をご相談申し上げまして、私から、

一、運輸省の大臣他幹部は、タクシー界の保護育成にご協力願うこと
二、政府は業界を混乱せしめるような施策を避けるようご配慮願うこと
三、全国一本化の会長は、この大方針を推進するに足る、政府、運輸省、業界各方面に融合できる人物であること

などの絞られた話の中から、最終的に有力なる2、3の候補者が大きく浮かび上がってきたのであります。

その間、日乗協および都自協代表の結城氏とは再度本問題の委細を話し合い、私との間に完全な意見の一致を見まして、両人の間に一本化とその会長の推薦に対する時期と方法だけを残して急速に実現の希望を持たせてまいりましたところ、不幸突如にして結城氏の逝去にあい、まことに痛恨に堪えませんが、ここに諸君とともに結城氏のためにしばし黙とうをささげてそのご冥福を祈るとともに、さらに本問題の実現に対し、熱意を新たに致したいと存ずるのであります。

この機会に私から諸君にお願いすることは、大所高所から業界の将来を洞察し、些事にこだわることなく、大らかな気持ちで私心を捨てて業界の福利一途に精進する構えであらねばならぬことであります。従って本問題並びに会長辞任に対する私の所信並びに声明は既に明らかに

した通りでありまして、新会長の下、業界の自主性と民主性を貫き、何人といえども業界人はその一員として各々の託された責務を遂行することに専心すべきであります。私が本問題に対し、ご配慮を賜りました長老方に確約致しましたことは

一、一本化をもって業界に対する私の最後のご奉公としたい

二、前会長という私の肩書は、業界に対して無価値のものであるべきである

三、従って新組織は私に対する何らの配慮も必要としないのみならず、業界が必要とする時においてのみ、新会長の命ずるままの走狗たること

の3点に尽きると信ずるのであります。

以上、私の東旅協および全乗協の会長辞任から、その後の業界安定への微力を致しました大要を述べましたが、全国5000の業者を救うものは業者自らの手であり、その団結の協力体であらねばなりませんことは、くどくど繰り返す必要を認めません。私の業界約40年の足跡は、闘争から闘争へ、そして政治力の活用へと不断に続けられましたが、それはいつも皆さまの強く温かい友情とご協力に支えられて、比較的大過なく今日調整への現段階を迎え得ましたことを回顧し追想し、まことに無量の感慨に胸迫るものがございます。

ここに皆様方の尽きせぬご厚情と深い御信義に対し、涙をもって感謝と感激の言葉を贈りま

すとともに、幾久しくタクシー業界の平和と安全と繁栄を皆さまとともに心から祈念致しまして、会長別れのあいさつと致します。

新倉はこの辞任のあいさつを、かつてないほど原稿を棒読みして行いました。闘志に満ち、猪突猛進で闘いに挑み続けてきた面影は薄れ、集まった人々は驚きを禁じ得ませんでした。満員の会場は静まり返り、多くの人々の目に涙が漂います。彼らの口から異口同音に出たのは「会長を辞するといえども、業界の父たるは消えず」という言葉でした。

新倉は自分の辞任によって業界に一本化の機会を与え、後任会長には苦労させたくないと願っていました。そして余生は、若い者のよき相談相手になり、タクシー業界のより健全なる繁栄のために陰で微力を尽くそうと決心していたのです。文郎はその末長い安寧を願い、一首の和歌を詠みました。

― 霞立つ　富士の裾野は花盛り　峰の白雪　永遠に流れて ―

朝日新聞には新倉の人となりが端的に表現された記事が掲載されました。

ハイヤー・タクシー業界に問題が起こるたびに、たいてい台風の目の中に立っている。一昨年の国産中型新車の料金問題や、昨年の国民車発表の時も、全国乗用自動車協会を率いて反対派や官庁にかみついた。赤ら顔、タカのように鋭い目、極めて強気だ。業者の数では絶対多数を持つ全乗協と東京旅客自動車協会会長を長年務めているが、鼻柱が強いのがたたるためか、東京の四大タクシーと言われている大会社でこれに加入しているのは、自分が経営している大和自動車交通だけ。一旦背いた部下でも頭を下げてくればけろりとして迎え入れるような面もあって、中小企業や古株の運転手たちには新倉一辺倒に人気もあるが、それに劣らず敵も多い。しかし本人は歯に衣着せずしゃべるので、手痛いしっぺ返しを受けることも別にない、と平然としている。

自民党には知り合いも多く、肌合いは極めて政治家風だが、政界に打って出る野心は全くなさそうだ。趣味は競馬、神奈川県出身、63歳。

商工評論は「金字塔を樹立したタクシー業界の巨星」と題した記事を掲載し、新倉の功績をたたえました。

大和自動車は系列会社全部を合わせると保有車両2千台を超え、日本一の規模と底力を持っている。これを統率する新倉文郎は業界随一の大器と謳われ、豊かな政治力と意欲的な行動力をもって、タクシー業界の発展史に一頁を画するほどの数々の功績を残した大功労者である。

彼の政治的手腕は特に戦後のタクシー業復興時代、随所に遺憾なく発揮された。即ち彼は自社の陣容を固める傍ら、業界再編成をするため、東京乗用自動車協会を設立して初代会長となり、全国タクシー業界の整備と発展のために敏腕をふるった。また戦時統制の解除によってタクシーの新免が許可された際、部下の独立に率先して力を貸し、多くの会社を誕生させ、それらが今日の有力な系列会社となっているのも彼の親分的包容力と指導性によるものである。さらに彼の正義感は新免ラッシュによる名義貸しを一掃するため、敢然と闘ってこれを食い止め業界の浄化を達成した。また外車の割り当てを役所から取り戻すべく国会に運動した結果、彼の率いる全国乗用自動車協会の権限となったのである。更に昭和32年ガソリン税増額の際も業界一致の強力な圧力を政府にかけて最小限に食い止めるなど、事あるごとにリーダーとなって采配を振るってきた。天賦の将たる器なのである。

彼がスケールの大きな傑物であることは以上の通りだが、交友関係では自民党を始め多くの大物政治家たちと親交を持ち、彼の強大な政治力の裏打ちをなしてきた。最近病気のため指導的地位を退き、もっぱら大和自動車の仕事のみに力を入れているが、彼の40年近い偉大な業績と信用は業界の底流に脈打って流れている。

3. 受賞

1958（昭和33）年8月18日【文郎・64歳】、病気と業界の一本化のため第一線から退き、隠居の身になった新倉に、同年11月、永野運輸大臣からタクシー業界初の交通文化賞が授与されました。

後日、日本自動車会議所の主催で行われた受賞を祝う懇談会には、国会議員をはじめ、メーカー、ディーラー、ユーザー各界のそうそうたる面々150名余が集まりました。新倉のあいさつはユーモアを含みながらも、業界への尽きぬ思いを感じさせるものでした。

「私には交通文化賞などという品のよい賞は似合わないので一応固く辞したのですが、まあ一種の隠居賞としてもらっておくことにしました。本日は会議所の主催で受賞を祝う会を催していただいて本当にありがとう存じます。

私の過去の姿はこれすべてけんかでしたが、話のわかる、筋の通っているときは一度もけんんかしたことはありません。今度いただいた賞はタクシー業界で初めてのものと聞くが、これは私ということよりもタクシー業界そのものがようやく社会的、国家的に認められてきた証拠としてうれしく存じます。

業界は本当に一本の強い体制で進むところに発展の福利もありますので、会議所を中心とした協力体制こそ、自動車業界全産業の繁栄をもたらすものと確信しております。

私は病気と業界の一本化のために一線を引退しましたが、業界の難局に私でもお役に立つことがあればいつでもお手伝いはするつもりでおります。本日の皆さま方のご厚意には心から感謝致します」

これに、早川慎一（会議所会長、参議院議員）、村上儀一（元運輸大臣）、浅原源七（自動車工業会会長）、波多野元二（都自協会長）、木島義夫（千葉協会会長）、伊能繁次郎（日本乗合自動車連合会会長）の諸氏からの祝辞が続きました。なかでも新倉の闘魂をたたえ、その人柄を絶賛し「けんか新倉として再起してほしい」と語った伊能の言葉が印象的でした。

また１９６０（昭和35）年４月【文郎・65歳】には、池田勇人内閣総理大臣より藍綬褒章を授与される光栄に浴しました。賞状には「早くから自動車交通業に従事し、よく企業の合理化を図ってその発展に尽くし、また関係団体の要職を歴任して斯業の育成振興に寄与した。まことに公衆の利益を興し成績著明である。よって褒章条例により藍綬褒章を賜ってその善行を表彰せられた」と書かれています。これもタクシー業界初であり、新倉が業界の比類なき優れた指導者であり、その功績がいかに偉大であったかを如実に語るものといえるでしょう。

12月には祝賀パーティーが、東京会館に業界政官界の名士500名を招いて盛大に行われました。新倉は「この受賞は私個人のものではなく、全業界が今日まで血のにじむ思いで努力した結果が私に名を借りて表彰されたもので、この喜びは全業界で分かち合いたい」と語り、三池信衆議院運輸委員長、国友康弘自動車局長、波多野元二国際自動車社長など、来賓各氏からの温かな祝辞が続きました。

2度にわたる受賞は大変喜ばしいことでした。ですが実は時同じくして悲しい出来事がありました。1960（昭和35）年6月18日【文郎・65歳】、妻のキヌが脳出血のため61歳で急逝したのです。藍綬褒章受章からわずか2カ月後、祝福の余韻が残る中での突然の出来事でした。家族の動揺と悲しみはいかばかりだったか。西ドイツに出張中だった長男の尚文は、訃報を聞き失意の中で急きょ帰国の途に就きました。

要職にあった文郎の妻の通夜を行った自宅には、大勢の弔問客が訪れました。ようやく最後の客が帰り、残って一晩中ろうそくの火を灯し続けると申し出た側近に、文郎は静かに言いました。

「今までキヌにはさんざん苦労をかけ、何もしてやれなかった。仕事のために家に帰れなかったこともある。せめて今晩はここで添い寝をしたい。だから君は帰っていいよ。俺をひとりだけにしてくれ。灯は絶やさないようにするから」

そしてキヌの亡きがらの横に布団を敷き、着物を脱ぎ始めました。

常に仕事にまい進し、家庭を顧みなかったことも多々あったのかもしれません。それにもかかわらず、しっかり家庭を守り、陰になり日なたになり家族を支え続けてきたキヌへの感謝とざんげの思いが交錯したのでしょうか。39年間連れ添った妻を突然失った文郎の心中をうかがい知ることはできません。その後、文郎は激高することも少なくなり、闘士の面影も次第に薄らぎ好々爺《や》のようになっていきました。

業界の一本化を切望して辞任した新倉でしたが、その実現は厳しく業界は相変わらず混乱を重ねていました。1960（昭和35）年【文郎・65歳】時の運輸大臣樽橋渡は業界の代表者10名を公邸に招き、タクシー団体の一本化を強く要望しました。これに応え、各団体は急速に一本化の準備に入り、4月1日にはまず都内の各団体が解散し、東京乗用旅客協会という新組織を結成しました。会長には日本交通の川鍋秋蔵社長を据え、新倉は名誉会長に納まりました。

続いて7月1日には2つの全国組織も解散し、新たに全国乗用自動車連合会を結成、全国業者の要望に応え、新倉が会長に就任しました。新倉はこの就任を名誉であるどころか迷惑である、と言い放ちました。実際病を抱えて激務に臨むのは過酷なことでした。あらゆる方面から強く請われなければ、一線を退き陰から支えていくことを選んでいたでしょう。

この頃新倉は富士山を真近に仰ぐ御殿場に、わずか6畳二間の簡素な家を求めていました。山下汽船の山下亀次郎氏が所有していた家で、そこで静かに余生を過ごそうと考えていたのです。下見に訪れた際、庭にある大木が倒れそこから新芽が出ている様子を見て

「やはり新しいものはよい。生き生きとしている。古いものはやがて倒れるのだ」

としばらく感に打たれたように立ち尽くしていたことがありました。

当時大和ではタクシー界で初めて無線を採用し、五反田のハイヤー部を改装、銀座中央ビルを完成させ、新たに不動産部を創設し、小金井に自動車教習所を開設、と着々と仕事を拡張させていましたが、新倉は自分の時代は既に終わったと感じ、積極的に若い人たちの登用や抜てきを行っていました。

4. 昇天

1961（昭和36）年3月2日【文郎・66歳】、新倉は初めて大和自動車交通の健康保険組合の診療所を訪れ、貫洞一夫医師の診察を受けました。彼は健康には自信を持っていましたが、数年前から顔面の神経痛の診療を受けており、それだけが苦痛であると述べ、また2月には何度かじんましんを発症したと報告しました。

この日の診察の結果、動脈硬化症と感冒と慢性胃炎に治療が必要であると診断され、さらにじんましんの原因を判明させ対策を考えることが重要であり、内臓の精密検査を勧められました。しかし医師の説明は新倉の仕事の都合でさえぎられ、心電図は次回に延期になり、その日が最初で最後の来所になってしまいました。

6月1日、新倉は午前中忙しそうに仕事を片づけ、午後から運輸省開設12周年記念パーティーに出席しました。1時頃、元気そうに社に帰ると、机の上にうずたかく積まれた書類に目を通していましたが、気分が悪いと突然胸を押さえて突っ伏したのです。そして秘書の山下錦子が驚いて医者を呼びに走ろうとするのを

「大丈夫、医者を呼ぶことはない。しばらく静かにしておくれ」

と言って制しました。それでも気が気でない山下は、重役室にいるはずの新倉尚文副社長に連絡を取りました。尚文は社長の用事で出かけるため玄関先で車を待っていましたが、ふと思い出したように不動産部の部屋に入って立ち話をしていました。知らせを受けて驚いた尚文は3階の社長室に駆け上がります。顔面蒼白《そうはく》で手足がけいれんしている様子を見て、尚文は脳出血ではないかと考え、文郎を静かに寝かせました。文郎は意識は明瞭で、誰にも知らせないよう希望し、少し落ち着くと手足を動かし

「脳出血ではないようだな」

とつぶやきました。しかし不安に駆られた尚文は健保の貫洞医師を呼び、駆けつけたのが3時半頃、文郎は苦しそうな様子で冷や汗をかき、手足は冷たく血圧も下がり、ショック症状を起こしていました。すぐに強心剤や血管拡張剤などを注射し、小康状態にやや安堵したのもつかの間、5時半頃、突然心筋梗塞の発作を起こし、午後5時55分ついに呼吸が止まりました。死因は心筋梗塞で、往診時には既にショック症状を起こしていたため、アレルギー発作が起因となり冠硬化症のある心臓に負担をかけたことによるのか、最近の体質変化とともに過労が潜在性冠不全の状態に負担となったことが原因かは特定できないという診断でした。この偉大なる業界の英雄は、生涯を懸けた執務室で、尚文にみとられながら天に召されていったのです。

くしくも、妻のキヌを見送ったのと同じ6月、1周忌を迎える直前でした。

社内は突然の出来事に騒然となり、社員たちは涙をこらえながら連絡などに追われ右往左往します。その夜、遺体が安置された荻窪の自宅には、業界、政財界などから訃報を知らされた数百名が次々に弔問に訪れ、閑静な住宅街の道路は瞬く間に車で埋まりました。

5. 永眠

3日間住み慣れた荻窪の家の和室で最後の時を過ごした後、4日の午後7時から杉並区堀之内の妙法寺で、近親者による通夜がしめやかに営まれました。急逝を悼み降り出した雨もいとわず、霊前にぬかずく人々の波は後も切らず、9時過ぎまで焼香の煙が悲しく立ち込めていました。列の中にはげた履きに制服の運転手が、誰はばかることなく一心に合掌していた姿も見受けられました。

5日の正午から青山斎場にて、大和自動車、全乗連、東旅協などの合同葬、引き続いて一般告別式が、業界空前といわれる盛大さをもって執り行われました。葬儀委員長は村上儀一参議院議員が務め、葬儀顧問には松野鶴兵参議院議員ら24名、副委員長には寿原正一参議院議員ら

9名、さらに葬儀委員として100名が名を連ねました。この日、内閣は持ち帰り閣議で従五位勲四等旭日小綬章を贈ることを決め、葬儀の開始時に伝達式が行われ、会葬者が見守る中で、新倉尚文副社長が叙位叙勲を霊前に報告しました。小暮運輸大臣、安井国家公安委員長、伊藤全乗連副会長、川鍋東旅協会長、天坊自動車会議所会長が粛々と述べられる弔辞は、多くの交通業界人の悲しみを託したもので参列者の涙を誘いました。ここに伊藤福一全乗連副会長の弔辞を掲載します。

新倉会長、ご逝去のお知らせを受けた全国の会員の驚きはまさに青天のへきれきであり、その悲しみは筆舌のよくするところではありません。同時に会長のご逝去をどうしても信ずることのできない不思議なる感情のもつれも隠すことができません。

今霊前にひざまずいて永久のお別れを致す間際におきましても、常に微笑をたたえたその温顔に、明日もまたお会いできるような気が致します。それほどに会長とわれわれとの間は、人間的に固く結ばれておったのであります。

知ると知らざるとにかかわらず、会長の心はわれわれの心中に宿っておったのでありましょう。こうした感情は永遠に続き事あるごとに会長を追慕し回顧し、生前にまさる尊敬と親しさを増すでありましょう。

会長は正義を愛し悪に対しては秋霜烈日、鉄壁のごとき信念をもって不退転の意気を示されましたが、一面胸中海ある如く、いかなる人をもこれを包容しあふるる慈愛を注がれて惜しむことがなかったのであります。

5年前病魔の襲うところとなり、九死に一生を得られたのでありますが、ついに不治の難病となりそのまま病体を押して大小のこと、身をもって衆を率いられたのであります。

去る5月19日全乗連会長に再選せられるや「光栄どころかむしろ迷惑である」と率直に真情を吐露し「選ばれたからには一本筋を通し正しきが衰え悪が栄えるようなことは断じて許さない」と絶叫し、昔日の青年新倉の血が湧いてきたと抱負経綸を力説し、われわれを激励されたことは忘れることができません。

会長は青年新倉文郎としてこの世を去られたのであります。まさに男の本懐でありましょう。しかしわれわれとしては青雲の志を抱いて若々しく夭折した悲壮な感銘が胸を打ちます。

もとより会長は既に生死の難関を突破し、われわれの測りがたき大悟徹底の心境に達し、いわんや世の名聞利養の念の如きはいささかもなかったのであります。

最近、富士山を真近に仰ぐ御殿場に6畳二間にすぎない山間の茅屋を求め、余生を沈思黙座に過ごさんとした会長の淡々たる心境を乱し、あえて再び会長の座に迎えたことは、親の心子知らず、泣いても泣いても泣ききれないものがあります。あまりにも会長に頼り過ぎわがままに過ぎたわれわれであったのであります。深く深くおわび申し上げます。

この上は及ばずながら常に会長の面影を忍び、会長の御意志を尊奉し、立派な業界になりますように努力し、御厚恩の万分の一にそいたいと存じます。

どうぞあの世にあってもわれわれの会長としてわれわれを見守っていただきますよう、永い間お世話になりました。思いは思いに走って尽きるところはありません。それではお別れ致します。

斎場の外には池田勇人首相をはじめとする花輪が立ち並び、その数は青山斎場始まって以来といわれています。全国から駆けつけた参会者は３０００名をはるかに超え、長蛇の列は深い悲しみに包まれました。永遠の別れを惜しむ中、棺を乗せた霊きゅう車が静かに進み、後には50台近い白バイが続きました。

業界紙は「巨星、ついに落つ」「唖然とし、茫然とす、幾百幾千人の人々が泣く」「ああ、タク界の慈父、新倉文郎氏！」「ハイタク界の巨星逝く」「くるまに人生をかけた男」などの見出しをつけ、訃報の報道に多くの紙面を割きました。

タクシー業界を隆盛に導いた功績は偉大であり、英雄とも天才ともいわれた一方、彼ほど多くの敵をつくり、誤解を受けた人も少ないでしょう。新倉の動くところ、ごうごうたる非難の嵐が起き、その中心を黙々と突き進む、人は彼のたじろぐ姿を見たことがありません。激流の中にあっても微動だにしない巨岩のように、常に威風堂々としていたのです。

空前絶後といわれた葬儀は「新倉の前に新倉なし、新倉の後に新倉なし」と言われた文郎にふさわしいものでした。幾度となく衝突し、口角泡飛ばして闘った人々も、言葉もなく遺影の前に頭を垂れました。その様子を微笑を浮かべて空から見守っていたのでしょうか。最期はとても穏やかな表情だったと聞いています。情熱のすべてを燃やした長く激しい闘いを終え、妻の元で疲れた羽根を休めていたのかもしれません。

―　ねさめよき　ことこそなさめ　なにはへの
　　よしとあしとは　いうにまかせて　　思峰―

完

我が父・故新倉文郎を語る

新倉尚文

稀にみる良い父

公人としての父新倉文郎を知る人は多い。ここに子として見た私人新倉文郎について語ることが、人間新倉文郎の真の姿を浮き彫りにするに役立つことと思う。

我が父として新倉文郎を語る時、一言にして言えば稀に見る良い父であったと言えよう。子に愛情を持つのは親として当然の事であろうが、父の私に対するそれはいわゆる猫可愛がりではなかった。無言の厳しさのうちにも、人間としての道を教える深い愛情であった。父の教育者としても前歴の故かとも思うが他人はそれを見て「冷たい父親」と評した。しかし私はそのような父の厳しい眼差しの中に無限の愛情を感じていた。

私にとって父のこのような無言の教化は怖いという以上に、身に応えた。私の過去の三十余年の間、一度だけ父に怒られた思い出がある。父は幼い子供に対しても、踏み外してはならない人の道を教え、その道から外れる行いさえしなければ決して怒らなかった。

小学校低学年の頃である。私は父の影響か、字を覚えるのが早かった。新学年に国語読本が来ると、まだ習わない先を読むのが子供心にも得意だった。この日も父の前で音読し、しばらくして飽きたのか、そこは子供の事で机の上にポイと読本を放り投げた。と父は立ち上がりざまに私の小さな体を抱いて家の外に出してしまって、泣けども、どんなに謝まろうとも内へ入れてはくれなかった。その間一言も口をきかず、私が自ら本を大切にせねばならないこと、さらには先人の残した文化的遺産を尊ばねばならない事を理解するまで許そうとしなかった。後にも先にも、父に怒られた経験はこの一回だけであった。この意味では、私も良い息子であったのかと自惚れてもいる。

一人っ子である私に対して、父はこのような慈悲深い独特の愛情を注いでくれたが、その感情表出については一面非常に照れ性のところがあった。

父は私に話したい事、注意したい事があると必ず口では言わずに長文の手紙をくれた。私が学習院の高等科にいた頃、こんな事があった。ある日曜日、離れの私の部屋から庭越しに客間で一人机に向かっている父の姿が見られた。しばらくすると私の部屋にやって来て、「これを読んでおくように、返事はいらない」と言って分厚い封書をおいていった。その文中には自分の青年時代から持ち続けてきた信念と、その時々に持った心の迷い、自らの過去の経験が書かれていた。感じやすい私の心、一人っ子のともすれば弱くなりがちな私の心を励ます慈愛溢れた手紙であった。それを見たとき、私は心の底から良い父を持った幸せを感謝し、心から泣いたものだ。

照れ屋だった父

子に対してこのように愛情を表に出さず照れ屋でもあった父は、孫に対してはそれこそ手放しで祖父としての愛情を注いでくれた。

私には現在小学校二年生の長男と、来年小学校に入る長女がいるが、この二人の孫に対する態度はそれこそ文字通り目の中に入れても痛くないといった風で、私から見ると、この私はこんなにはして貰えなかったと妬ましくなる程であった。

お話をねだられれば即興で童話を作って話してやる、そのうち種が切れると、テレビの子供番組を孫と一緒に見て、翌日までに話を作っておくという風であった。実際父の童話は、私から見ても天下逸品であった。私は何かの雑誌のアンケートに、父の特技として即興童話と書いた事さえある。

毎朝二人の孫のうち、どちらかを送っていくのが父の楽しみであった。現に亡くなられたその日とその前日、二日にわたりお別れにそれぞれ学校と幼稚園に送ってくれた事実を考えると、私は目頭が熱くなるのを禁じ得ない。

下の娘を渋谷の幼稚園に送ってくれるとき、父は早く家を出るので、九時半始まりのところ八時半には着いてしまう。余り早すぎて先生がまだみえていないと、父は一緒にブランコで遊びながら先生のみえるのを待った。父の死後、幼稚園の先生からお悔やみを頂いたとき、「よく朝など、ブランコで遊んでいらした」と聞かされて、私は涙を新たにしたものであった。

父と孫たち

父のこのような、子や孫に対する慈悲深い愛情は、単に自分の家の者だけに対してではなかった。父の弟が先年亡くなったとき、未だ幼い遺児を前に置いて「父が亡くなったと言って、くじけるなよ。私は自分の子供とお前たちを区別はしない。世のすべての子供に対して、すべての大人は愛情を注ぐべきだ」と言っていた事を思い出す。父の子供に対する愛情は、それが自分の子であれ、或いは他人の子であれ、変わることなく注がれたものと私は信じている。この父の考えは、業界においても具現された一つの信念ではなかったろうか。

ここに私は父の慈悲深い一面を、忘れる事の出来ない想い出に寄せて書いてみたい。

私は昨年の五月ヨーロッパに旅立ち、六月一八日に母死去の報せを受け、二三日に帰国した。羽田に迎えに出る家内に、「お前、尚文の顔を見ても泣くなよ」と言ったその父に、まず帰国の挨拶をした私の目に真っ先に飛び込んできたのは、今にも溢れそうな涙をこらえている父の笑顔であった。

母の葬儀が済んで、家内から見せられた小さな手帳があった。それは当時小学校の一年生だった長男の物であったが、その手帳には父の字で、母の亡くなった六月一八日から、葬儀のあった二四日までの簡単な孫のための日記が書かれていた。

六月一八日の頁には、長男がその日に食べたおやつが書いてある後に、二重丸をつけて「今日おばあちゃまが死にました。僕はとっても悲しかった」とあり、六月二一日の頁には「あさって、おとうちゃまがドイツから帰ってくることになりました。僕はとってもうれしかった」と書いてあった。

それは孫に事実をより深く認識させるためにのみ書かれたのだとは思われない。私はこの短い子供向きの文章の中に、最愛の妻を喪った父の深い悲しみ、一人っ子の留守中に妻を、即ちその母を死なせた父の感慨、或いはまた、どんなにか息子の帰りを待ちわびたであろう亡き妻への思いなど、考えれば考える程深い愛情が秘められているのを感じ取り、今更ながら、父の慈愛の深さに打たれたものであった。

業界におけるあの磊落で不屈の父、新倉文郎の心の底に、このような慈悲深い一面と細心な心使いがあったことを考えるとき、業界の皆様に対しての父の気持ち、業界を愛する父も気持ちは全く同じ源泉から湧き出た、心のこもった父の真情であったと思われる。

父にはまた、稚気とユーモアを解する気持ちがあったように思う。孫の持っている菓子を「それをくれなきゃ、おじいちゃま死んじゃうぞ」とからかってまんまと取り上げたり、機嫌が悪いと見せかけて、人が寄りつかないと「ああ、せいせいする」と嫌がらせを言ってみたり、非常に子供っぽいところがあった。またよく「馬は良い、嘘をつかないからね」と言っていたが、私はこの言葉に、吉田元首相と国会の猿の話を思い出したものだった。

父と母の事など

父と母の事については、いろいろ知る人もあろう。私に言わしむれば、父が「業界の父」と全国から慕われるようになったのは、母の内助の功を授かって大いに力になっていたと思う。父が物にこだわらず誰とでも話し、また誰の面倒でもみたように、母も人に対して分け隔てせず、大いに人の面倒をみていた。父に会えないときでも、母に会うだけでも気も晴れ晴れとして帰った人も多かった。しかし母は常に夫新倉文郎の影として、決して表面には出て来なかった。昨年母を亡くした後の父は、一時それこそ目に見えて弱ったほどだった。父の真の理解者であり、また良き協力者でもあった母を、真に心の頼みとし、真に理解したのは父であったと私は信じている。

「人は随所に主たらざるべからず」この言葉を父が座右の銘とした事は良く人に知られているが、私は父によく「人は心の中に謙虚な気持ちを持たなければいけない」と言われたものだ。また「人を倒すな、倒される人間になれ」とも言われた。これはいわゆる貸借関係の事であるが、一生金銭については淡々としていた父の一面を物語るものであろう。

父の趣味について語るとき、忘れてはならないのは競馬であろう。父の場合、厳密にいえば競馬ではなく馬であったと言える。近年日曜日にはよく競馬に行っていたが、自分の馬が出走するときにお祝儀で買う以外にはほとんど馬券は買わなかった。寧ろ厩舎に寄って馬を見、人参でも食べさせてやることに楽しみを感じていたようである。父の馬好きは実は祖父譲りのもので、生家に芦毛の馬が一頭おり、父はそれを通学に利用していたという。スポーツは何であれ好きな父であったが、その中でも馬が期間も長く、最も身近にあったようである。野球も水泳も好きであった。水泳は古い泳法であったが、なかなか達者で、私が子供の頃にはよく教えてくれたものだった。ゴルフについては、戦前の六郷のメンバーであった。当時エンパイヤの故柳田諒三氏に手ほどきされたのだが、最初にクラブを振ったときは真っ直ぐ飛んで面白いと思ったが、第二打が曲がって川の中に入ってしまったのでやめたという、いかにも父らしいゴルフであったようだ。それでも一、二度柳田氏と共に大試合のギャラリーとして観戦したこともあったそうである。

その他の趣味としては、俳句、書がある。俳句は思峰という号を持ち、若い頃は盛んにやったものらしく、時折その片鱗を見せていた。その文才と相まってなかなか自信があったようである。書といえば、あの風格ある書体が思い出されるが、戦時中軍部の忌憚に触れて自宅に籠っていたとき、毎日のように和漢朗詠集などを手本にして習字をしていた。

何枚か清書が出来ると森何某という先生に直してもらっていたが、あの何事によらず強い自信を持っていた父にして尚、絶えず自分を向上させようという意欲があった事は見落としてはならない。碁や将棋については、父の腕前がどの程度のものであったか、私は知らない。唯、理詰めで物事を考える性の父であったから、割にうまかったろうと思う。将棋は連盟から名誉二段を貰っていたが、週刊誌の詰め将棋が好きでよくやっていた。

麻雀が好きだった

麻雀は好きで、また上手だった。普段忙しい父であるから、たまに家にいるときくらい休養すればと思っても、それが手持ち無沙汰だったらしく「お前がやりたいのなら、やってもいいよ」と人の気を引くような誘い方をした。父母、それに私ども夫婦、親子水入らずで麻雀の卓を囲んだ思い出が懐かしく甦る。

事業家としての父、新倉文郎の資質は稀に見る優れたものであったと信ずる。父はその優れた見識と青年のごとき向上への意欲を持ち、それを基礎とした確かな見通しと温情溢れる包容力、加えるに力強い指導統率力によって事業を主宰し、全従業員の信頼と協力を得てきた。死後今日は非番だから、或いは前を通りかかりましたので、と言って線香をあげに来てくれる大和の従業員の数は、タクシー・ハイヤーの乗務員を始めとして数知れない。

生前、ある営業所の車に父の友人の国会議員が乗ったとき、その車の運転士が次のような事をその方に言ったそうだ。

「社長が中型の国産車に乗られるお気持ちも私たちにはわかります。経費の節約や御質素なのも結構ですが、それより社長のお身体の方がより大切です。先生は社長のご友人ですが、私たち全従業員のお願いとして、もっと楽な大型の車に乗って頂くようお話してください。私は社長が中型車に乗っておられる別の理由として、この混雑の中で少しでも運転士に楽なようにというお気持ちをうかがって勿体ないと思っているのです……」

従業員一同が抱いていたこのような信頼と敬慕の気持ちは、一大和自動車に限らず、大和倶楽部、協和倶楽部、さらに遠心的に拡がって全国の業者の皆様から「業界の父」と慕われるまでに拡大されていったものと思う。

業界に生きた父

ごく最近、私は大阪相互の多田社長の元に御挨拶に伺う機会を得た。そのとき多田社長からお聞きした父に対してのお気持ちは、私が長年抱いていた—父新倉文郎のある一面を最もよく理解していて下さったのは多田社長ではなかったか—という考えを裏書きするものであった。

多田社長は「私と新倉さんとは人生観、事業を愛する気持ちにおいて何ら変わる所はなかった。異なった点はただ、私が事業を中心に考えていたのに対して、新倉さんは全国の業界をまず頭に置いていた、この点だけだった」と言われた。自らの事業を愛し、それを拠りどころとし、さらにそれを超越して多田社長の言われる如く全国の業界の事に専念した父のこの事業を愛した真情を思うとき、故新倉文郎は、優れた事業家であったと同時に、優れた業界の指導者であったと今更ながら認識させられる。

事業家としての父はまた、非常な勉強家であった。その意味において、若い人々の意欲ある意見に父ほど耳を傾けた経営者も稀であろう。父の打ち出す方針は、単にハイタク業界にのみ通用するだけの狭い視野のものではなく、社会性を充分に取り入れた巾の広いものであった。また大和において、社長自ら新しい企業としての組織及び管理教育の必要を認め、先年より強力に推進してきた事は、父の進歩性と向上への意欲を立証する好例であろう。

父はハイタク業界における、若い意欲ある人々に大いに期待をかけていた。知性と良識と社会性を持った若い人々の力強い力こそ、父が将来の業界に対して夢見ていた理想であったと思われる。

業界の指導者としての父、新倉文郎には、生前世間で言われていたような名誉欲とか、権力欲とかは毛頭なく、あるのは只、愛する業界のために生涯を捧げるという信念だけであったと私は信ずる。過去折にふれて父の口から話された言葉、曰く「新倉はどのような立場にあっても業界へ尽くす心情には変わりはないが、新倉が身を引くことによって業界の一本化が出来るならば、私は身を引いても良い、また私に対しては何らの立場上の配慮を必要としない」「余生を業界のために捧げたい」「会長に推された事は、私の命を縮めた」これらの言葉は、業界人新倉文郎の偽らざる心の声であったろう。たとえ会長でなくとも、何の肩書がなくとも、一業者新倉文郎として父は余生を業界のために身を粉にして尽くしたと思う。それが良しとすれば、自己を滅してまでもまず業界のためを考えたであろうと信ずる。

亡き父の霊に応える

業界の指導者、新倉文郎亡き今、業界は未曽有の難局に直面している。新倉は常に業界の良識と、業界は業界自身の手によって守らねばならない、という主体性を信じていた。この難局に当たって、新倉の念願としていた全国業界の一丸となった力が速やかに結集される事こそ唯一の業界の採るべき方途であろうし、新倉文郎の最後の全国の皆様に対する切実な願いである事を信ずる。重ねて言う全国業界の真の一本化こそ、この難局を打開する唯一の道であろうし、亡き新倉文郎の霊に応える唯一の道であろうと信ずる。

私は父、新倉文郎が大和自動車の指導理念としていた、和の精神は今後、業界においてもさらに掘り下げ、外部に向かって拡大されるべきだと信じている。また公共事業であるハイタク事業を健全な形において発展させる道は、業界内の体質改善と付和雷同に非ざる社会との調和、協調であることを固く信じ、過去四十年間業界のために歩み続けた故新倉文郎の生涯を有意義なものにする事が、業界の責務であろうと思う。

家庭にあっては良き父、良き祖父であった父、新倉文郎、また業界にあっては、良き社長、良き指導者であった父、新倉文郎は逝きて永遠に還らない。しかしその真情は後に残った者それぞれの胸の中に、或いは温かな慈愛、或いは力強い啓示として鮮やかに焼きついている。この真情を受け継いで、それぞれの立場において限りない前進を続ける事が、我々の責務でもあろうし、偉大なる魂に応える唯一無二の道であると固く固く信ずる。

（ハイヤー・タクシー　昭和36年9月6日発行　故新倉文郎追悼号掲載）

故新倉社長に仕えて

山下錦子

先代社長の想い出を何か、との事でございますが、今までの毎日が思い出になってしまった今日、あらためて書く事が大変難しく、先代社長の美しいお心を表わせられない私の拙いペンを本当にくちおしく思います。

三叉神経に悩まされるようになりましてから、毎日の天候に左右されると伺いましてより、私は朝、目が覚めると「今日もどうぞ晴天でありますように」と思うのが習慣となってしまいました。「今日も一日お痛みが少なく、御機嫌よく過ごされますように」と願うのは私だけではなかったと信じます。

非常に多忙な毎日で、一日に平均十組からのお客様がございましたが、時間の許す限り誰方とも気易くお逢いになり、初めてお会いになった方はよく「会長にはなかなか逢って貰えないと聞いていたのに……良い方ですね」と喜んで帰られます。「今日は朝からむしゃくしゃして仕事が出来ない、ちょっと会長の顔を見せて下さい」とおっしゃられ「こんにちは」と一言、来客中にも拘らず片手をあげて「やあ、どうした、お掛けよ」「いやあ、お忙しいでしょう。また来ます」と「ああ、良かった。これでせいせいしましたよ。さよなら」と帰られる方も少なくなかったです。本当に不思議な魅力を持った方でした。

今更ここに載せるまでもありませんが、公私の別は明確で常に正しく、人に親切、物を大切に、人との約束は守る、正直であれ等など、平素あまり口に出しておっしゃる方ではございませんでしたが、常にその行動が私には無言の訓えでした。

事業家であり、またやはり教育家でもあったのでしょう。長年お傍に仕えさせて頂きました間、一度としてお叱りを受けた覚えはございませんでした。

「僕が煙草を離すときは死ぬ時だ」と冗談をおっしゃったものでしたが、片時も離さなかった煙草好きは、多くの人に知られた事です。九年前のある朝、赤子を背負った老人が腰をかがめて何か拾って歩く姿を見られ「おじいさん、何をしているの?」と尋ね、煙草を拾っていたと知り、その時以来一本の三分の二を残し（寸法を計ったように揃っていました）どこの席でも旅先からでも一つの包みにして紐でぶら下げ、必ずご自分で持ち帰られるのには頭が下がりました。たとえ僅かなことでも一人で楽しまず、分かち与えられるのでした。心で思っていてもなかなか実行できるものではないのではないでしょうか。老人の喜びは勿論のことでした。

お机の小さい煙草の焼け跡を気にされ、恥ずかしいからと本を重ねて隠すなど茶目な社長の仕草もつい昨日のことのように思い出されます。また運転手さんへの思いやりが深く、車に乗りますとき、必ず運転手さんと反対側に乗られ「こうしないとバランスが取れないから」とおっしゃいます。またある雨の日お供しましたところ、細い道をバックしましたが「黙って後ろを見てる奴があるか。教えてやるもんだよ」と、こんな言葉を使われるときは真に御機嫌のよい時なのです。運転手さんは大変恐縮しておりました。駐車禁止の立て札が多くなりました昨今では、降りるときに時間を約束して、必ずその時間には待っていられるなど、細かい心使いはあらゆることに現われました。

馬を大変愛されまして、お客様とのお話にも「馬は綺麗でいいですよ、第一嘘を言わない」と馬のお話は目を輝かせておられました。物言わぬ動物にまで……初めから負ける競走馬とわかっておられながらも、可哀想だ、見てやろう、そして御祝儀だと馬券を買われました。普段は馬券で楽しむようなことはなさらなかったものです。

大分昔の事になりますが、来客中不用意にも私のネックレスの糸が切れて、玉が飛び散りましたとき、ご自分で一粒ずつ床の玉を拾い上げて下さいました。恐縮の余り、顔を上げることもできませんでした。その時のお客様は未だにそのお話をされ、社長の優しさに感激しておられます。

また度々お出先より帰られてポケットを探り、あの大きな丸い手で「お土産だよ」とみかん一つ、時にはお饅頭一つを机の上に置いて下さる時の優しい眼差しは、物心つくかつかぬかの頃に父を亡くした私にとって、どのような高価なお土産を頂くより嬉しかったことでしょう。

お別れの六月一日、運輸省設置一二周年記念パーティーより紅白のお菓子を頂いて帰られ「食べよう。お茶を入れておいで。女の子は紅だ、僕は白だよ」と下さったのですが……。

冬の寒い廊下で行き交う従業員にも優しく「元気ですか」「大事にしなさい」などと、その一言が従業員にどのくらい励みになった事でしょう。

春夏秋冬を通じての忘れられない想い出は限りございません。多くの人の心の中にいつまでも消え去らない忘れ得ぬ人でありましょう。飾られた前社長のお写真が、優しく笑って多くの人を見守っておられます。何物にも代えられぬ訓えを受けました事を深く深く感謝致しますと共に、先代社長並びに奥様のご冥福を心よりお祈り申し上げます。

（ハイヤー・タクシー　昭和36年9月6日発行　故新倉文郎追悼号掲載）

慕われた業界の父

二村博三

指導力抜群の傑物

異称付きの最初が「業界の父」である。全乗連と日乗連が分裂していた業界を一本化し、大手四社の会長たらい回しが始動したばかりの頃に、大和自動車の新倉文郎に冠せられていたのがその異称である。

戦争末期に千台以上持つ会社四社に業界を統合するよう戦時統合が布かれた時、新倉は一番先に指定台数を超過達成し、業者集めに苦闘していた他社に分譲するほど、街の小事業者らは真っ先に新倉のもとに走ったのである。その辺りに異名発祥の由縁が見える。

新倉は明治生まれながら、当時の立志伝中の事業者とはやや肌合いを異にしていた。県立神奈川師範学校を出て小学校の訓導を10年も務め、首席訓導を最後に自動車業界に入った異色。漢詩に長じ思峰の俳号を持つ文化人。自動車業界に入っても指導力抜群。あの戦時に軍部や商工省の官僚と真っ向対決、その風貌、弁舌、指導力など、傑物ぶりは広く世に知られていた。

社名通りの結束

戦時統制がなくなり、四社に統合された事業者が元の自家営業に戻る道ができたとき、真っ先に「暖簾分け」と称してそれを実行したのも新倉だった。暖簾分けによって復元した独立組のうち、戦時統合による大和自動車の役員出身者は大和倶楽部を、部課長などの管理職は協和倶楽部という親睦団体を結成。大和内に事務局を置き、親睦事業の他、倶楽部員の子息を大和に就職させ、管理職を経験させるなど後継者作りをした。また倶楽部の会社幹部は業界内でも主要な役職に就き、大和の親衛的な結束力を見せ、社名通り「大和」を実証した。ここにも「業界の父」の一端が見て取れる。

「業界の父」は東京のみならず、全国の中小業者から発せられた呼称でもあった。2015年(平成27年)、千葉県の骨董店に文郎の胸像が出たというNHK(*)のテレビ放送も当時の地方業者にも及んでいた「新倉思慕」を物語る。

その「業界の父」は、業界一本化で全乗連会長に就いたものの、翌年1961年（昭和36年）6月、運輸省の開庁記念式典に臨んで帰社、そのまま社長室で倒れた。一本化わずか1年とは早すぎる。「業界の父」の異称も今日の通称に至らなかった。

＊NHK番組「所さん！　大変ですよ」平成27年9月29日放映

（東京交通新聞　平成28年12月5日発行　二村博三の取材余話「継ぎ繋ぐ」より）

新倉文郎年譜

1894(明治26)年		8月14日、神奈川県高座郡綾瀬村に誕生
1913(大正2)年	18歳	神奈川県立神奈川師範学校本科第一部卒業
1923(大正12)年	29歳	神奈川県高座郡御所見尋常高等小学校主席訓導辞職 東京本所区横川橋に綾瀬自動車運輸(貨物)を開業
1924(大正13)年	30歳	警視庁公認東京自動車業組合常務理事に選任され、組合長、連合会長および全国自動車業組合連合会幹事長歴任
1928(昭和3)年	34歳	東京一円タクシー株式会社取締役社長就任 江東一円タクシー株式会社、第一タクシー株式会社、東京合同タクシー株式会社等の社長、専務取締役を歴任
1931(昭和6)年	37歳	東京乗合自動車(青バス)の傘下にあった実用タクシー、常盤タクシー、タクシー自動車を整理統合し東京合同自動車を設立、社長就任
1935(昭和10)年	41歳	タクシー事業に関する私設研究所を設立 「タクシー業書」八巻を刊行

1936(昭和11)年	42歳	商工大臣を会長とする自動車営業改善調査委員会委員就任 東京地下鉄道による東京合同自動車買収により社長就任 独立し車両2台でタクシー会社経営
1937(昭和12)年	43歳	東京タクシー商業組合創立発起人総代として同組合を設立 副理事長就任 東京府旅客自動車運送事業組合 全国旅客自動車運送事業組合理事を兼務
1938(昭和13)年	44歳	小企業の自主的合同を提唱し、 10月東京相互タクシー株式会社創立、社長就任 自主的統合・合同啓蒙のため、タクシー事業研究会設立 企業合同のための資金貸し出しを目的に 東京交通株式会社設立・専務就任
1939(昭和14)年	45歳	戦時企業合同令による企業合同により、 9月同業12社で中野相互自動車株式会社を設立 大都タクシー株式会社、言問相互株式会社、東亜相互株式会社、

南郷自動車株式会社、芝自動車株式会社、板橋相互タクシー株式会社、
横浜交通株式会社等多数の会社の重役・顧問を兼任

1941(昭和16)年　47歳
相互運送株式会社・大東京貨物自動車株式会社等の取締役社長を兼任
自動車整備事業の急務を認め、相互自動車工業株式会社、
宮園工業株式会社設立、取締役社長就任
京浜内燃機株式会社、成立自動車工業株式会社、
大東亜自動車工業、千葉モータース商会等の重役を兼務
旅客自動車事業の統合に関する当局の指示に基づき、
関連17社を合併して大和自動車交通株式会社を設立
代表取締役社長就任

1945(昭和20)年　50歳
中野相互自動車株式会社を母体として、
昭和20年1月1日の17社合併契約書調印日を創立日とし、
株主総会決議日を1月28日、商号を大和自動車交通株式会社、
本社所在地東京中央区銀座一丁目五番地二十として登録
全国乗用自動車協会を設立、会長就任

1946(昭和21)年	52歳	大和自動車交通労働組合発足
		自動車交通審議会委員委嘱
		社団法人日本自動車会議所設立、発起人総代、副会長就任
1947(昭和22)年	53歳	公職適否に関する勅令により非該当の確認書受領
		城東運送株式会社取締役社長就任
1948(昭和23)年	54歳	東京乗用自動車協会設立、会長就任
		大和自動車交通健康保険組合認可・設立
		川崎鶴見臨港バス株式会社取締役会長就任、以後取締役社長就任
		新日本観光株式会社設立、顧問就任
		日本自動車会議所常務理事就任
1949(昭和24)年	54歳	東京株式市場に上場
		道路審議会(昭和25年土木審議会に改名)委員長委嘱
1950(昭和25)年	56歳	関東日野ディーゼル自動車販売株式会社監査役就任
		ニューエンパイヤモーター株式会社監査役就任
1951(昭和26)年	57歳	全日本自動車輸送団体中央協議会結成、委員長就任

		大和自動車用品株式会社設立、取締役会長就任
1952（昭和27）年	58歳	日本自動車メーター株式会社設立、取締役社長就任
1953（昭和28）年	59歳	大和航空株式会社取締役社長就任
1954（昭和29）年	60歳	東京陸運局内自動車運送協議会委員就任
1956（昭和31）年	62歳	東京乗用自動車協会解散
		東京旅客自動車協会設立、会長就任
		内閣総理大臣より観光事業審議会専門委員、部会長任命
1957（昭和32）年	63歳	東京旅客自動車協会会長辞任
1958（昭和33）年	64歳	運輸大臣より東京陸運局自動車運送協議会委員任命
		全国乗用自動車協会会長辞任
1959（昭和34）年	65歳	運輸大臣より東京陸運局自動車運送協議会委員任命
1960（昭和35）年	66歳	首都道路協議会副会長就任
		東京乗用旅客自動車協会名誉会長就任
		全国乗用自動車連合会設立、会長就任
		内閣総理大臣より観光事業審議会委員任命

1961（昭和36）年——66歳——東京オリンピック対策特別委員長就任
6月1日、心筋梗塞により永眠

賞罰

1958（昭和33）年——64歳——永野譲運輸大臣より交通文化賞授与
1960（昭和35）年——66歳——池田勇人内閣総理大臣より藍綬褒章授与
1961（昭和36）年——66歳——従五位勲四等旭日小綬章授与

参考文献

新倉文郎風雲録（池田書房出版部発行）　池田作之助著
炎の軌跡（日本随筆家協会発行）　池田作之助著
我が思想の遍歴（秋文庫発行）　柳田謙十郎著
自動車三十年史復刻版（山水社版）　柳田諒三著
日本自動車交通事業史（全連同人会・自友会発行）　新倉文郎監修校閲　岡村松郎編纂
輸入自動車問題の真相（交通文化新聞発行）　新倉文郎著
月々の記（東京交通新聞社編集製作）　新倉尚文著
日本のタクシー自動車史（三樹書房発行）　佐々木烈著
全乗連二〇年の歩み（社団法人全国乗用自動車連合会発行）
ハイヤー・タクシー発達の軌跡（社団法人東京乗用旅客自動車協会発行）
東旅協三〇年史（社団法人東京乗用旅客自動車協会発行）
東旅協五〇年史（社団法人東京乗用旅客自動車協会発行）
組合三〇年史（東京ハイヤー・タクシー交通共済協同組合発行）
タクシー六〇年史（社団法人東京乗用旅客自動車協会発行）
ハイヤー・タクシー（全国乗用自動車連合会・東京乗用旅客自動車協会発行）
週刊自動車界（株式会社自動車界発行）
ドライバー（自動車教育者発行）

感　謝

　現在、タクシーは私たちの生活に溶け込み、都会では一歩外に出れば目にしない日はないでしょう。ですがその起源や日本での発展の経緯などについては、あまり知られていないのではないでしょうか。

　世界で初めてタクシーが出現したのは１８９６（明治29）年、ドイツのシュツットガルト、ハイヤーは同年パリに端を発します。それから遅れること15年、１９１１（明治44）年、京橋に日本最初のタクシー会社「タクシー自働車（当時の表記のまま）株式会社」が誕生しました。その後1世紀余、世界情勢は幾度かの大戦をへて目まぐるしく変わり、車の位置づけも時代に応じて変化してきました。しかしタクシー・ハイヤーに関しては、公共の足としての役割を一貫して担って今日に至ったといえるでしょう。

　大和自動車交通株式会社は、本年創業80周年を迎えました。本書は創業者である新倉文郎の生涯を、池田作之助の著書「新倉文郎風雲録」を中心に編さんしたものです。その作品を通じて幼少期からのさまざまなエピソードを知ることができ、改めてペンの力を感じ深謝の思いでおります。祖父のことは両親からも折々に耳にしておりました。親分肌で人々が自然に祖父の元に集まってきたこと、豪快な一方、息子の嫁である母を優しく気遣い、初孫の夫を溺愛していたこと、祖母に先立たれてからは気落ちし、後を追うように1年後に他界したことなどなど。夫が祖父と過ごせたのはわずか6年半でしたが記憶は鮮明であり、よく想い出話を聞かせてくれました。幼いながらその深く温かい愛情をしっかり受け止めていたのでしょう。かけがえのない日々であったと思います。

祖父は「タクシーに生き、タクシーに死ぬ男」と自認していました。本書は「タクシーの父」と言われるにふさわしく、業界の健全な発展のために生涯をささげた祖父の記録であると同時に、戦禍や天災に見舞われた日本の復興に尽力し、理想の実現のためにさまざまな権力と闘ったひとりの人間の物語でもあります。明治から昭和まで祖父の人生をたどりながら、折々に心中をおもんぱかり、その一点の曇りもない一途さに何度も胸が熱くなりました。自身でも語っておりますように、闘争を繰り返した生涯でしたが、私心のために行ったことは一度もなく、ひたすら業界の社会的認知の向上のために闘い抜いた人生は見事というしかありません。

客観性と長期的展望を備えた鋭い洞察力、私利私欲を捨て利他主義に徹した精神、また人としての器の大きさには深い感銘を受けました。急逝は多くの方に動揺を与えましたが、執務中の社長室での最期も、本望だったと信じたい気持ちが致します。

人間のより快適な生活を追及してＩＴの進化は目覚ましく、人工知能があらゆる分野に進出し、現在は第４次産業革命といわれるほど激動の時代にあります。タクシー業界も例外ではなく、群雄割拠で各社がしのぎを削る中、弊社は前島社長が二宮尊徳の教えを理想に掲げて社員一同の結束を図り、さらなる発展を目指して力強く牽引しております。創業者の精神を継承しつつ時代の感受性を捉え、今を生きる人々のニーズに応え、心の通ったサービスを提供していくことを使命と考え、私も微力ながら研さんを積んでまいる所存でおります。また従業員、乗務員の皆さまには、仕事に誇りと責任を持ち、社会貢献を果たしていただければと思います。

巻末に、東京交通新聞の二村博三元社長がお書きになった記事と、父尚文と祖父に長く仕えてくださった秘書の山下錦子さんの文章を掲載させていただきました。書かれている場面がひとつひとつ目に浮かび、祖父の人となりが垣間見えてまいります。蛇足ですが祖父が昇天した時刻と、年月日は異なりますが私がこの世に生を受けた時刻（午後5時55分）がまったく同じであったことを知り、不思議な縁を感じました。

タクシーの黎明《れいめい》期に奮闘した祖父の存在を少しでも多くの方に知っていただけたらと思い、出版に至りましたが、業界や世代を超えて記憶にとどめていただき、その高潔な精神を意気に感じていただければ、それほど幸せなことはございません。いかに精巧に作られていても、形あるものはいずれ消滅していくことを思いますと、心や精神など目に見えないものの中にこそ、綿々と受け継ぐべきものの価値を感じます。

尚、本書の出版にあたり、事実関連の記載につきましてはさまざまな資料を精査致しましたが、万が一齟齬《そご》がございましたら、ご指摘いただければありがたく存じます。また私の思いをくみ、励まし続けてくださった前島社長、貴重な想い出話をお聞かせいただいた近藤龍観様、渡邊久子様、石上佳子様、資料の掲載をご快諾いただいた川鍋一朗様、伊藤宏様、仁平英紀様、このたびのご縁をつないでくださった主婦の友社の二井裕美様、多岐にわたりきめ細かくご尽力いただきました主婦の友インフォスの垣内裕二様には衷心より御礼申し上げます。皆さまのお力を得て完成しました本書が、読者の心に何かをお届けできれば幸甚に存じます。

令和元年12月

新倉真由美

装丁・本文デザイン
福田真一(DEN GRAPHICS)
編集協力
大和自動車交通株式会社
二井裕美
校正
安倍健一
編集担当
垣内裕二(主婦の友インフォス)

タクシーの父《ちち》 新倉文郎物語《にいくらぶんろうものがたり》

2020年3月31日　第1刷発行

著　者　新倉真由美《にいくらまゆみ》
発行者　前田起也
発行所　株式会社主婦の友インフォス
〒101-0052 東京都千代田区神田小川町3-3
電話 03-3295-9465(編集)
発売元　株式会社主婦の友社
〒112-8675 東京都文京区関口1-44-10
電話 03-5280-7551(販売)
印刷所　図書印刷株式会社

ISBN978-4-07-441780-3

■本書の内容に関するお問い合わせは、主婦の友インフォス出版部(電話03-3295-9465)まで。
■乱丁本、落丁本はおとりかえいたします。お買い求めの書店か、
主婦の友社販売部(電話03-5280-7551)にご連絡ください。
■主婦の友インフォスが発行する書籍・ムックのご注文は、
お近くの書店か主婦の友社コールセンター(電話0120-916-892)まで。
※お問い合わせ受付時間　月〜金(祝日を除く) 9:30〜17:30

主婦の友インフォスホームページ
http://www.st-infos.co.jp/
主婦の友社ホームページ
https://shufunotomo.co.jp/